KB196083

외국 소멸 사회

지은이 이관후

정치학자. 서강대학교 정치외교학과에서 학부와 석사를 마치고, 영국의 런던대학교UCL에서 '대표representation' 개념에 대한 연구로 박사 학위를 받았다. 서강대 글로컬한국정치사상연구소 전임연구원을 거쳐 현재 건국대학교 상허교양대학 교수로 근무하고 있다. 제16, 17대 국회에서 보좌진으로 일하고 행정안전부 장관정책보좌관, 국무총리 메시지비서관을 지냈으며, 2024년 11월에 역대 최연소로 제10대 국회입법조사처 처장으로 임명되었다. 《한겨레》《경향신문》《프레시안》등 각종 매체에 오랫동안 칼럼을 썼고, 지은 책으로《양극화에 도전하는 시민》, 공저로《다시 읽는 '서구중심주의 비판'》《기후, 기회》《시민의 조건, 민주주의를 읽는 시간》, 옮긴 책으로《정치를 옹호함》등이 있다.

압축 소멸 사회

ⓒ 이관후, 2024

초판 1쇄 발행 2024년 12월 10일 | **초판 2쇄 발행** 2025년 1월 31일

지은이 이관후
펴낸이 이상훈
인문사회팀 최진우 김효진
마케팅 김한성 조재성 박신영 김애린 오민정

펴낸곳 ㈜한겨레엔 www.hanibook.co.kr
등록 2006년 1월 4일 제313-2006-00003호
주소 서울시 마포구 창전로 70(신수동) 화수목빌딩 5층
전화 02-6383-1602~3
팩스 02-6383-1610
대표메일 book@hanien.co.kr
ISBN 979-11-7213-164-7 03300

압축 성장 대한민국은 왜
북한 위기의 길로 들어섰나

압축 수명 사회

이관후 지음

추천사

　배 안에 연료는 떨어졌고, 밖으로는 폭풍이다. 우리는 항해를 계속할 수 있을까? 최근 국내외의 다양한 사람들로부터 이런 질문을 받는다. '한국은 국운이 다한 것인가요?' '정점에서 화려하게 퇴장하나요?' 다들 위태롭다고 느끼는 것이다.

　세계적으로 한국의 위상은 여전히 높다. 가장 최근의 노벨 문학상 수상자를 배출했고, 한국식 외래어 '아파트'가 온라인에 퍼지고, 최고급 음식과 미술 작품을 찾아 서울을 방문하는 외국인들이 즐비하다. 그러나 이 모든 영광 속에서도 '여기까지가 끝인가 보오'라는 압도적인 절망감을 주는 절벽이 우리 눈앞에 펼쳐져 있으니, 그것이 바로 저자가 말하는 '소멸 사회'다.

　우리는 인류 역사 전대미문의 최저 출생률과 최고 자살률을 수십 년 방치했다. 그 결과, 가장 빠른 속도로 초고령 사회에 진입했고 이제는 인구 소멸의 급행열차를 탔다. 전국 모든 초등학교가 요양 병원으로 바뀌어 나가기 시작했고, 229개 지방 자치 단체 중 절반이 소멸할 운명이다.

가만히 있어도 나라가 사라질 이 판국에 국제 질서마저 한국을 집어삼킬 기세다. 트럼프 미 대통령 당선자는 '한국은 현금인출기Money Machine'라며 기존 방위비의 10배를 뽑아내겠다 하고, 러시아는 전술 핵잠수함을 건조했다는 북한에 로켓과 인공위성 기술도 제공하겠다는 태도를 보이고, 한국 등과 함께 국제 무역 질서를 지키겠다던 독일은 지방 선거에서 극우 정당AfD이 1등을 한 뒤 결국 연정이 해체되었다. 지난 80년 동안 유지·강화되어 온 다자주의 국제 질서가 붕괴되고 글로벌 아귀다툼의 시대가 열리고 있다. 이미 중동은 각국이 서로의 수도에 폭격을 퍼부으며 초토화되고 있다. 한반도의 운명도 위험하다.

'벼락 발전한 것은 벼락 소멸하기 마련'이라고 자조하는 사람들이 많다. 그러나 저자는 그런 태도를 단호하게 배척하고, 지금 우리가 처한 국내외 상황을 차분하고 냉정하게 분석하여 이 책에 담았다. 중병일수록 정확히 검진하고 진단해야 살길을 찾을 수 있다. 이 책은 '소멸'을 앞둔 시한부 대한민국에게 냉철한 경고와 애정 어린 조언을 아끼지 않는다.

_이탄희(제21대 국회의원)

소멸은 동시대를 꿰뚫는 단 하나의 키워드다. 소멸에 대해 이야기하지 않으며 한국 사회의 현재와 미래를 이야기하는 것은 무의미하다. 저출생과 고령화로 인구가 소멸하고 있고 지방이 사라지고 있다. 저자가 지적하듯 압축 성장의 정점에서 한국은 압축 소멸하고 있는 것이다. 여기에 기후 위기와 에너지 전환, 젠더 갈등과 신냉전 등 지정학적 문제들이 중첩되어 있다. 사상 유례를 찾아볼 수 없는 복합 위기다.

그런데 나라 자체가 소멸하는 이 위기 앞에서 다수 시민들은 놀랄 정도로 무감각하다. 소멸에 대한 감각이 소멸한 것처럼 보인다. 물론 이것은 시민들의 무지와 무관심 때문만이 아니다. 통치 기술이자 공적 업무, 그리고 권력이자 타협과 합의로서의 정치가 소멸하고 있기 때문이다. 가능성의 기예로서의 정치가 소멸하니 시민들은 그 어떤 희망도 발견할 수 없다. 소멸의 핵심에 희망을 소멸시키는 정치의 소멸이 있는 것이다.

저자는 정치의 소멸에 대해 사법 권력 포퓰리즘과 검사 만능주의, 가치와 비전이 사라진 계파 정치, 시민은 사라지고 팬덤만 남은 정치와 공론장 등 소멸하는 정치의 현상을 나열하고 지적하는 데 그치지 않는다. 정치학자로서 한국 정치에서 소멸한 것은 그 현상 하나하나를 꿰는 본연의 정치 그 자체라고 경고한다. 정치 본연의 역할은 어떤 위기 속에서도 시민들이 절망하지 않고 가능성을 발견할 수 있는 미래와 문제 해결을 위한 비전을 제시하는 것이다.

저자는 이 책 전체를 통해 가능성의 기예로서의 정치 복원에 실패한다면 소멸은 미래에 완성될 현재 진행이 아니라 이미 현재 완료라는 것을 섬뜩하게 경고하고 있다.

_엄기호(사회학자, 청강문화산업대학교 교수)

압축 성장에 이어 압축 소멸까지 대한민국이 선두에 섰다. 우리는 5명 중 1명이 65살 이상인 초고령 사회에 곧 들어간다. 출생률은 무서운 속도로 곤두박질치고, 자살률은 20년 넘게 세계 1위다. 온갖 대책이 시급한데 정부는 마비됐다. 검사들은 정치를 질식시키고 법치주의라는 허울로 공무원의 목을 졸랐다. 정치학자로서 국회와 정부에서 현장을 경험한 저자는 국가 소멸에 앞서 정치가 먼저 소멸했다는 점에 주목한다. 가치를 추구하는 대신 자리만 탐하는 정치인들은 공천에만 목을 맨다. 그들은 인구 소멸도, 세계 질서 변화도, 에너지 전환에도 관심이 없다. 한반도에서 전쟁이 터질 수 있다는 위기감도 뒷전이다. 협력, 협치는커녕 정책 경쟁조차 사라졌다. 이렇게 정치 자체가 소멸한 비용이 국민 몫이란 게 문제다.

우리 사회가 지속가능하려면 공동체에 책임을 가진 정치 복원이 먼저다. 그들에게만 맡겨서 될 리 없다. 친윤, 친한이든 친명, 비명이든 그들이 비전과 대안으로 경쟁하도록 새로운 정치를 촉구하려면 무엇을 해야 할까? 나라 살리는 게 또 시민 몫이라니 다소 피곤하지만 역사는 늘 시민이 만들었다. 절망을 부추기는 대신 희망을 찾는 저자의 문제의식과 해법 모색이 반갑고 고맙다.

_정혜승(북살롱 오티움 공동대표, 전 청와대 디지털소통센터장)

이 책은 '소멸'에 대해 말합니다. 소멸은 쉽지 않은 개념입니다. 사전에서 소멸은 '사라져 없어짐'을 뜻합니다. 이것은 물리적 현상이라기보다는 관념적 현상입니다. 물리적으로는 기존에 있던 어떤 것이 더 이상 존재하지 않는 것을 의미하지만, 개념으로서의 소멸은 그런 현상적 수준을 넘어섭니다.

고여 있던 물이 증발한 후 거기에 어떤 흔적이 남는다면 그물은 완전히 소멸하지 않은 것일 수 있습니다. 달이나 화성 같은 외계의 장소에서 물의 흔적을 발견한다면 그것은 위대한 발견이 되기도 합니다. 물은 사라졌지만 과거에 그것이 존재했다는 사실만으로 우리에게 큰 영향을 주는 것입니다. 이런 일은 지구에서도 가능합니다. 과거에 살던 어떤 생명체가 화석으로 남아 발견되면 그 생물은 멸종했을지언정 소멸하지는 않은 것일 수 있으니까요.

인류의 경우에는 어떨까요? 우리와 많은 유전자를 공유하는 먼 조상들은 과연 소멸한 것일까요, 아니면 여전히 우리 안에 살아 있는 걸까요? 이런 아득한 이야기 말고 우리는 일상에서도 이런 것들을 경험합니다. 한때 나와 대화하고, 밥을 먹고, 기쁨과 슬픔을 나누고, 어루만지던 누군가가 이제 더 이상 세상에 존재하지 않을 수 있습니다. 그러나 우리가 그를 기억하고 그가 남긴 자국들이 우리 영혼에 남아 있는 한 그는 소멸한 게 아닐 것입니다. 불행한 사고를 당한 누군가는 신체의 일부를 다른 사람들에게 남기고 떠나기도 합니다. 그 사람이 영영 사라진 게 아니라 이 세상 어딘가에 우리와 함께 존재한다고 여기는 건 결코 잘못된 생각이 아닐 것입니다.

세월호에서, 이태원에서 희생당한 사람들이 있습니다. 저는 그들이 소멸하지 않았고, 소멸할 수도 없다고 생각합니다. 그들을 기억하는 누군가가 있는 한 그렇습니다. 소멸은 이처럼 물리적 시공간을 넘어 존재할 수 있는 개념입니다. 때로 소멸은 우리의 상식을 뛰어넘지만 삶 속에서 자연스럽게 이해되는 개념입니다. 그래서 소멸은 쉽지 않은 개념이고, 그것을 받아들이는 것 역시 어려운 일입니다.

절대적 의미의 소멸이란 이 세상에 존재했던 무언가가 어떤 흔적도 남기지 않고 기억되지도 못한 채 완전한 무존재의 상태로 돌아가는 것을 의미합니다. 설령 그 자취를 발견한다고 해도, 이전에 존재했던 그것의 의미를 전혀 알 길이 없어 발견 자체로는 아무런 의미가 없는 상태일 것입니다. 있던 것이 없어진 것이 아니라 애초에 없었던 것과 같은 상태인 셈입니다.

이런 소멸은 실로 무시무시하기도 하고, 고통스럽기도 하고, 허무하기도 합니다. 사실 우리 모두는 언젠가 소멸할 것입니다. 인류도 마찬가지겠지요. 지구나 태양계, 그리고 이 우주까지도 언젠가는 사라질 것입니다. 다만 그 시간이 광대해, 잘해야 100년을 사는 인간에게는 느껴지지 않을 뿐입니다. 이처럼 소멸은 인간에게 대단히 분명한 것이면서 동시에 짐작하기 어려운 것이기도 합니다.

저는 이 책에서 어떤 소멸에 대해 말합니다. 이것은 앞서 언급한 종의 소멸이나 지구의 소멸과는 달리, 우리가 비교적 분명하게 인지할 수 있고 짧은 시간 안에 이루어질 가능성이 있는 소멸입니다. 바로 '대한민국 공동체'의 소멸입니다. 저는 이 책에서 저출산, 고령화, 인구 절벽, 지방 소멸 등에 대해 언급합니다.

사실 이런 이야기들은 이제 낯설지 않은 것이 되었습니다. 오히려 너무 진부해졌다고 할까요? 그래서 새로운 이야기가 아닐 수 있습니다. 그러나 제가 말하고 싶은 것은 그것을 둘러싼 어떤 변수들에 대한 것입니다. 그중 하나는 '속도'입니다.

저는 사회과학자로서 언제나 이 속도에 관심이 있었습니다. 사회에서는 항상 변화들이 일어납니다. 전쟁, 자연재해, 산업·경제·인구·기술의 변화, 정치적 사건들, 이런 일들은 인류가 처음 사회를 구성했을 때부터 늘 있었던 일입니다. 사실 사회란 이런 변화에 적응하기 위해 인류가 만들어 낸 것이기도 합니다. 그런데 사회가 버티지 못하고 파괴될 때가 있습니다. 감당하지 못하는 '격변'의 시기가 도달했을 때입니다.

예를 들어 우리가 세계화를 서둘렀을 때 많은 돈이 한꺼번에 이 나라에 들어오고 나갔습니다. 돈이 들고 나가는 것은 경기의 변동이나 다른 정치적·경제적 여건의 변화에 따라 늘 있는 일입니다. 그런데 그것이 너무 빠른 속도로 일어나면 문제가 생깁니다. 특정 물질의 부피와 밀도가 갑자기 너무 커져서 거품이나 폭발이 일어나는 것과 비슷합니다. 일정한 속도로 돈이 들고 나가야 하는데, 한꺼번에 너무 많은 돈이 유입되면 거품이 생기고 그것이 일시에 빠져나가 버리면 시장이 폭발해 버립니다. 외환 위기 때 우리의 주식 시장이나, 잃어버린 30년이 시작될 때 일본의 부동산 시장이 그랬습니다.

이처럼 변화의 속도가 빨라져서 사회가 어려울 때 파멸을 막기 위한 장치는 사회의 제도를 만들고 고치고 운영하는 기술, 곧 '정치'입니다. 지금 세계에서 우리에게 다가오는 빠른 변화들을 생각해 봅시다. 세계적으로는 국제 질서의 변화와 기술의 변화, 국내적으로는 인구 구조의 변화와 국토 불균형의 심화

같은 것이 매우 빠른 속도로 진행되고 있습니다. 변화 그 자체가 나쁜 것은 아니지만 속도가 너무 빠르면 안정적인 삶을 살아야 하는 인간들과 그것을 지탱하는 사회 시스템이 동요합니다. 변화에 적응하지 못하는 인간과 사회는 파멸의 위기에 봉착할 수 있습니다.

생각해 보면 냉전이 안정적일 때 우리에게는 오히려 별일이 없었습니다. 냉전의 장벽 한쪽에서 산업화를 추진해 나갔습니다. 냉전이 종식되고 국제 질서가 변화했을 때 우리가 계속 독재 정권하에 있었다면 힘들었을 겁니다. 그러나 그전에 민주화를 달성한 우리는 유연하게 대처할 수 있었습니다. 우리의 북방 정책과 균형 외교는 보수 정부에서 시작되었습니다. 기초 체력이 부실한 경제로 세계화를 지나치게 서두르다가 국가 부도의 위기가 발생했지만 때마침 훌륭한 지도자가 나타났고 국민들이 합심해 이겨 내기도 했습니다. 지방 소멸이란 말이 아직 없을 때 균형 발전을 시작한 지도자도 있었습니다.

민주화 이후 30년을 맞은 해에 우리는 대통령을 탄핵했습니다. 사실 대통령 탄핵이 중요한 것은 아닙니다. 문제는 정치가 그 정도로 무능해졌을 때 일어날 일들입니다. 변화하는 세계 질서와 산업 전환에 대응할 수 있도록 경제, 일자리, 복지 시스템을 정비해 사람들을 보살피고 미래의 비전을 만드는 일을 했을 리가 없기 때문입니다. 국정이 소꿉장난처럼 운영되는 동안 바다에서 아이들이 죽었고 한류를 이끌던 K-컬처는 블랙리스트에 올랐습니다.

그 이후에도 크게 달라진 것은 없어 보입니다. 자산의 불평등, 수도권 집중, 저출산, 고령화의 속도가 너무 빨라졌습니다. 개인은 물론이고 사회도 감당하기 어려운 수준에 도달했습니다. 연금 개혁은 손도 못 대고, 수출을 이끌어 온 반도체 시장은 불확실성이 매우 커졌습니다. 노동 시장에서는 이제 양극화를 넘어 온갖 극단적인 계약 유형들이 출몰하고, 이를 뒷받침할 고용과 복지 정책은 제대로 작동하지 않고 있습니다. 아무리 열심히 일해도 돈이 땀을 이기고, 돈이 사람을 잡아먹는 상황이 달라지지 않고 있습니다. 이런 문제를 해결해야 할 재정 정책은 그 목적과 방향을 알 수 없고, 국가의 미래에 대한 투자를 포기하는 듯한 모습도 보입니다. 청년들은 서울로 몰려드는데, 서울의 출산율은 전국 꼴등입니다. 한 번의 입시로 인생을 결정하는 제도가 30년째 지속되고 있고 청소년들의 삶과 나라의 미래를 갉아먹고 있어도, 어느 정권도 여기에 관심을 두지 않습니다.

어떠한 집단이든 빠른 속도의 변화에 적응하지 못하면 소멸하게 됩니다. 이것은 자연에서도, 인간 사회에서도 같습니다. 지금 우리가 그런 상황에 처해 있는 것처럼 보입니다. 사실 우리는 그동안 비교적 잘 적응해 온 편이었습니다. 매번 적응의 방향을 잘 찾았기 때문입니다. 그것을 찾을 수 있었던 비결은 다른 나라의 사례들을 연구했기 때문입니다. 요컨대, 해답은 늘 있었습니다. 해외 사례를 비교 검토하고 거기서 각 단계마다 우리에게 필요한 정책적 대안을 찾았습니다. 정부가 그것을 국민들에게 제시하면 국민들은 또 거기에 잘 따라왔습니다. 정부가 기득권에 집착하거나 잘못된 방향으로 나아가면 국민들이 권력을 바꾸고 정책을 뒤집을 줄도 알았습니다.

그런데 지금은 어디에서도 해답을 찾기가 어렵습니다. 두 가지 이유 때문에 그렇습니다. 첫째는, 더 이상 우리에게 해답을 제시할 나라가 존재하지 않기 때문입니다. 우리는 추격 국가에서 추월 국가가 되었습니다. 우리의 현재는 선진국의 과거였고 우리의 미래는 선진국의 현재였습니다. 추격 국가일 때 우리에게는 늘 답이 있었습니다. 나아갈 방향도, 거기서 겪게 될 문제의 해결책도 다른 나라에 있었습니다. 그러나 우리는 이제 그들을 초월했고 선도 국가가 되었습니다. 지난해 우리가 1인당 GDP(국내 총생산)에서 일본을 추월한 사건은 이런 상황을 상징적으로 알려 주는 이정표였습니다. 이제 우리의 문제를 우리가 스스로 해결해야 하는 상황입니다. 지방 소멸 문제 하나만 봐도 그렇습니다. 다른 선진국들도 수도권 집중 문제를 해결하려고 노력 중입니다. 그 나라들의 수도권 인구 집중 비율은 10~20%대 입니다. 우리는 50%를 넘어섰습니다. 저출산 문제도 마찬가지입니다. 우리가 1등입니다. 선례가 없습니다.

둘째는 우리의 소멸이 실패에서 온 것이 아니라 성공에서 왔기 때문입니다. 한 마디로 '압축 성장'에 성공했기 때문에 '압축 소멸'을 맞이한 것입니다. 우리는 전 세계 어떤 나라도 해내지 못한 극적인 성공을 거두었습니다. 그것도 어느 한 분야가 아니라 문명적 근대화, 경제적 산업화, 정치적 민주화를 모두 이루었습니다. 우리는 성공했는데 지금의 위기는 그 성공 때문에 일어난 일입니다. 지역이든 산업이든 교육이든 집중과 선택을 통해 효율성을 높여서 성공했는데, 그 효율성의 극단에서 우리는 갑자기 소멸의 위기를 맞은 것입니다. 한국 사회가 근대 문명의 효율성을 누구보다 빨리 완성한 나머지 더 이상 공동체가 버티기 어려운 지점에 도달한 이 사건은, 인류 역사상으로도 매우 의미심장한 일이라고 할 수 있습니다.

어쩌면 이것은 수축을 통해 성장의 호흡을 고르는 과정일지도 모릅니다. 제발 그랬으면 좋겠습니다. 그러나 그럴 것 같지 않다는 생각이 먼저 듭니다. 일본은 우리보다 더 긴 시간 동안 성장했고, 성장의 끝에서 버블과 그것의 붕괴를 경험했고, 이후 한 세대 넘게 '수축 사회'를 살고 있습니다. 그나마 일본이 이렇게 긴 수축 사회를 버틸 수 있었던 것은 내수 시장이 제법 크기 때문입니다. 그런데 우리는 그렇지 못합니다. 우리는 일본의 절반 정도밖에 안 되는 기간 동안 유사한 수준의 경제적 성공을 거두었지만, 수출 경제의 비중이 압도적으로 높으며 내수 시장은 작습니다. 불안정한 한반도 안보 위기 속에 있고, 금융과 주식 시장도 견고하지 않습니다. 만약 우리가 뒷걸음질을 치기 시작한다면, 아마도 우리에게는 일본과 같은 수축 사회를 버텨 낼 체력이 없어서 곧바로 압축 소멸로 돌입할 가능성이 높습니다. 이것은 재앙입니다.

이 재앙을 막을 수 있는 유일한 희망은 '정치'에 있습니다. 저는 정치란 정치·경제·사회적 문제에 직면한 공동체에서 갈등의 표출이 폭력적인 수준으로 격화되는 것을 막고, 최대한 비폭력적인 방식으로 사람들을 설득하고 합의를 이끌어 내어 원만하게 문제를 해결하는 하나의 방식이라고 생각합니다. 단순히 좋게좋게 넘어가는 것이 아니라 실제로 문제를 해결해야 하는 것입니다. 문제를 방지하고 해결할 비전과 대안을 잘 이끌어 내는 것이 정치의 역할입니다. 더 많은 사람들이 동의하고 협력할수록 문제가 해결될 가능성도 높습니다. 이런 정치가 잘 이루어지려면 좋은 제도가 있어야 하고, 그 제도들을 잘 운영할 줄 아는 정치인과 시민들이 필요합니다. 그렇지 못하면 사회는 문제를 해결하지도, 대비하지도 못하게 됩니다. 운이 나쁘면 파멸을 막지 못할 수도 있습니다.

정치가 소멸한 사회는 공동체의 소멸을 막을 수 없습니다. 저는 지난 몇 년 동안 그런 위기감을 느꼈습니다. 이제 10살이 된 제 아이가 잠든 모습을 보면서, 이 아이가 살아갈 미래가 두려워졌습니다. 그리고 정치에 대해 생각했습니다. '사회의 소멸에 정치의 소멸이 선행한다. 우리 사회가 소멸을 막지 못한다면 그것은 정치가 먼저 소멸했기 때문이다. 아무리 큰 위기가 와도 정치가 살아 있다면 희망이 있다. 모든 것이 좋아 보여도 정치가 없다면 언제든 위험에 처할 수 있다.' 그리고 이런 생각을 나누고 싶었습니다.

'골든 타임'이라는 말이 있습니다. 생존을 담보하는 마지막 시간입니다. 지금 우리 앞에 남은 시간이 별로 많지 않습니다. 최종적인 소멸이 일어나기까지는 몇십 년이 남았을지 모르지만, 방향을 되돌릴 수 있는 시간은 몇 년뿐일지도 모릅니다. 정치와 사회를 소멸에서 구해 낼 방법은 몇 사람의 노력만으로는 찾기 어렵습니다. 실천하기는 더욱 어렵습니다. 다만 얼마간의 정치인과 시민들이라도, 지금의 시대가 가진 의미를 더욱 절박하게 느끼고 함께 고민했으면 하는 바람입니다.

차례

1부   대한민국은 왜 소멸을 선택했나

2부   절망을 부추기는 사회, 위기를 방치하는 정치

3부 정치의 소멸은 어떻게 오는가

4부 다시 희망을 찾아서

대한민국은 왜
소멸을 선택했나

희망 소멸 사회는
어떻게
탄생하는가

최근 한 토론회에서 윤석열 정부의 외교·안보 정책을 걱정하시는 분들을 만났습니다. 독도를 일본에 내줄지도 모른다는 우려를 하시는 분도 있더군요. 그분들께 '걱정 말라'고 말씀드렸습니다. 어차피 독도는 조만간 일본 땅이 될 테니 말입니다.

누구도 경험하지 못한 나라

대한민국은 '수축 사회'를 넘어 '소멸 국가'로 착실하게 나아가고 있습니다. 출생률이 명확하게 보여 줍니다. 2012년 1.3 수준이던 합계출산율은 10년 만인 2022년에 0.78로 떨어졌습니다. 놀라운 것은 속도입니다. 합계출산율 1.0이 붕괴한 때가 2018년입니다. 그해 0.98이던 것이 불과 4년 만에 0.78까지 하락했습니다. 1.0에서 0.78까지 4년밖에 걸리지 않았습니다. 0.78에서 0.5까지는 얼마나 걸릴까요?

인구학자인 전영수 한양대 국제학대학원 교수는《한겨레》와의 인터뷰(2022년 8월 29일 자)에서 '출산율이 0.5까지 떨어질 것이고, 마지막 골든 타임은 앞으로 5년'이라고 했습니다. 벌써 2년이 지났네요. 전 교수는 출생률 하락의 원인으로 청년의 불확실한 미래와 여성에게 전가되는 '독박 육아'를 꼽았습니다. 대한민국의 '정해진 미래'는 229개 지방 자치 단체 중 절반이 직면한 '지방 소멸'이 잘 보여 준다고도 했습니다. 지방이 소멸해도 수도권에 다 같이 모여 살면 되는데, 그게 출생률과 무슨 상관이냐고 생각할 수도 있습니다. 그러나 서울의 2022년 합계출산율은 0.59로 전국 최저였습니다. 수도권 집중과 지방 소멸이 인구 절벽과 관계가 없다고 말하기 어려운 이유입니다.

국가의 합계출산율이 0.5까지 떨어지면 어떻게 될까요? 솔직히 잘 모르겠습니다. 인류 역사에서 한 번도 없던 일이니까요. 일상의 풍경을 생각해 본다면 아마도 시내의 폐교된 초등학교들이 요양 병원으로 바뀌는 게 가장 두드러지지 않을까요? 병설 유치원은 방문형 노인 돌봄 시설로 탈바꿈하고, 노란색 버스들은 이제 아이들이 아니라 노인들을 실어 나르게 되겠지요. 그 외에도 의료, 복지, 연금에서 심각한 재정적 부담이 생길 것이 분명해 보입니다. 그러나 그 구체적인 상황은 아직 미지수입니다. 전대미문의 일이기 때문입니다. 경제협력개발기구OECD 국가 중에서 1.0이 안 되는 국가는 한국이 유일한데, 0.5의 상황은 어떤 나라도 겪어 보지 못했기에 예측 자체가 어렵습니다. 다만 현재 소멸 위험 지역의 상황을 미뤄 볼 때 한 가지 정도는 예상할 수 있을 겁니다. 합계출산율이 0.5 수준이 되면 '회복 탄력성'이 없어지리라는 것입니다. 고무줄을 잡아당기면 늘어났다가 다시 줄어듭니다. 이걸 회복 탄력성이라고 합니다. 그런데 너무 많이 잡아당기면 그냥 끊어져 버리거나 다시 줄어들지 않습니다. 회복 탄력성이 사라진 것이죠. 합계출산율이 0.5 밑으로 떨어지면 지금 지방에서 산부인과와 소아과, 초등학교가 사라지듯이 출산, 육아, 교육의 기반이 무너지고, 아이를 낳아 기르기가 극도로 어려워집니다. 즉, 다시 출생률이 높아질 수 있는 가능성 자체가 사라지는 것입니다. 출생률을 회복할 수 없는 대한민국은 조용히 그대로 소멸해 갈 수밖에 없습니다.

그러니 윤석열 정부에서 일본이 독도를 점령하든지 말든지는 그렇게 중요하지 않을 수도 있습니다. 올해 2024년에 대한민국은 전체 인구의 20% 이상이 65살 이상인 '초고령 사회'에 진입하리라고 예상됩니다. 혹시 한반도를 노리는 외세가 있다면 그들은 '기다림'이라는 확실하고도 합리적인 선택을 할 것입니다. 한두 세대 안에 이 나라는 분명히 소멸에 들어서게 되어 있으니까요.

갑자기 종식된 냉전 뒤 과속

한두 세대라면 충분히 상황을 반전시킬 기회가 있는 시간이라고 생각할지도 모르겠습니다. 그러나 그리 오랜 시간이 걸리지 않을 수도 있습니다. 지금 한국은 저출생·고령화 말고도 '한번도 경험하지 못한 복합 위기'에 직면해 있기 때문입니다. 가장 주요한 요인은 국제 환경 변화와 에너지 전환입니다.

한국은 전통적인 수출 산업 국가입니다. 수출 경제로 세계 최빈국에서 10대 강국으로 탈바꿈했습니다. 세계 역사를 봐도 대단히 예외적인 경우입니다. 제2차 세계 대전 이후 약 70여 개에 달하는 신생 독립국 중에서 한국처럼 근대화, 산업화, 민주화에 모두 성공한 나라는 거의 없습니다. 사실 인구 5000만 이상의 나라로서는 유일하다고 할 수 있습니다. 한국이 수출로 이런 도약에 성공할 수 있었던 이유는 물론 우리의 앞선 세대들이 부단한 노력을 했기 때문입니다.

그러나 한반도를 둘러싼 독특한 국제 환경이라는 변수도 있었습니다. 이른바 공산 진영과 자유 진영 간의 갈등은 우리 역사에서 한국전쟁이라는 엄청난 비극을 낳았습니다. 이후 한반도에 세워진 '냉전 장벽'은 한국이 수출 기반 산업을 발전시키는 데 중요한 구조적 조건이 되었습니다. 이는 결코 축복이라고 할 수 없는 것이지만, 한국은 이 조건을 활용하는 데 성공했습니다. 냉전의 높은 장벽 아래에서 한국은 비용이 많이 드는

'안보'를 미국에 상당 부분 의존할 수 있었습니다. 단순히 군사비에 들어갈 재정을 아낀다는 수준이 아니라, 경제적 자생에 필요한 원조 자금을 적극적으로 요청하는 것은 물론이고 장기적으로는 안정적인 수출 판로도 마련할 수 있었습니다. 그 과정에서 과거사 문제에 대해 제대로 사과하고 배상하지 않은 일본과 한일 협정을 체결하는 일도 있었습니다. 소련과 중국이 버티고 있는 동북아시아 자유 진영의 배후 기지인 일본과 더불어 최전선의 보루로서 한국의 안정과 성장은 미국이 바라는 바였기 때문입니다.

그런데 한국이 수출 주도형 산업 국가로의 기반을 다지고 민주화까지 쟁취한 상황에서 갑자기 냉전이 종식됐습니다. 그리고 '탈냉전 세계화'의 시대가 열렸습니다. 냉전의 벽이 무너진 상황에서 한국은 수출 경제의 내실을 정비해야 옳았지만 오히려 분위기에 편승해 과속 페달을 밟았습니다. 김영삼 정부는 정권의 치적이라도 되는 양 OECD 가입을 서둘렀고, 국내 금융 시장은 국제 투기 자본에 무방비로 노출되었습니다. 세계화 시대를 맞은 국내 기업들은 오히려 문어발식 확장을 통해서 덩치만 키우기에 바빴습니다. 우리는 세계화가 무엇을 의미하는지 정확하게 알지 못했습니다. 밖으로 수출의 저변이 더 확대되었다고만 생각하고, 안으로 곳간이 부실하고 관치 경제의 틀속에서 재벌의 경쟁력이 허술하다는 점을 무시했습니다. 준비되지 않은 채로 맞이한 세계화의 속도는 너무 빨랐고 작동해야 할 브레이크는 아직 장착되지 않은 상태였습니다.

결국 사고가 났습니다. 국가가 부도가 난 것입니다. 초유의 일이었습니다. 많은 재벌이 공적 자금 투입과 금 모으기로 생명을 부지하는 사이 애꿎은 국민들은 막대한 피해를 보았습니다. 지금 우리 사회가 겪고 있는 양극화의 시작은 바로 외환 위기였습니다. 그나마 김대중 정부는 부도난 국가를 최대한 빠르게 수습했습니다. 수출 주력 산업을 보존했고, 미래 성장 동력 기반도 새로 마련했습니다. 김대중 정부 이후 지난 20여 년간 한국은 반도체, 자동차, 조선, 휴대전화 등 핵심 제조업 분야에서 전 세계로 수출망을 넓혔습니다. 문화 분야에서 한류 붐도 지역과 나라를 가리지 않고 일어났습니다. 이런 수출 한국의 재도약은 국민들의 희생과 노력, 그리고 국제 환경의 절묘한 변화가 없었다면 기대하기 어려운 일이었습니다.

26년 만의 최장기 무역 적자

건국 이후 냉전과 탈냉전을 거쳤습니다. 한국은 어려움 속에서도 성장했고 또 위기를 이겨냈습니다. 그런데 세 번째 시기가 다가왔습니다. '신냉전 패권주의' 시대입니다. 신냉전 시대가 과거 냉전과 다른 점은 패권 국가 사이의 '디커플링 decoupling'이 불가능하다는 것입니다. 지난 수십 년간 진행된 세계화로 촘촘해진 '밸류 체인value chain'은 전 지구적 수준에서 복잡하게 얽혀 있습니다. 이 사실을 누구보다 미국과 중국이 잘 알고 있습니다. 그래서 두 나라는 군사적·경제적으로 패권에 결정적 영향을 주는 분야에서 격렬하게 다투는 것처럼 보이지만, 협력이 필수적인 분야에서는 여전히 긴밀한 관계를 유지합니다.

문제는 '낀 나라'들입니다. 대표적인 나라가 한국입니다. 신냉전 패권주의 시대에는 냉전 시대 같은 안전한 '보호망'이 없습니다. 자유 진영에 속했다고 미국이 안보나 경제에서 일방적으로 한국의 편의를 봐주는 일은 없다는 것입니다. 미국은 오히려 자국의 패권을 강화하기 위해 한국의 경제적·군사적 자원을 얼마든지 활용할 태세입니다. 보호망이 없는 반면 비협조에 대한 '페널티(징계)'는 확실합니다. 미국이 주도한 반도체 동맹CHIP4이나 인플레이션감축법IRA은 한국 경제에 결코 도움이 되지 않지만 따르지 않을 수 없는 어려운 상황입니다.

과거에는 국내 산업 보호 정책에 대해 미국이 '슈퍼 301조' 같은 미국 통상법의 규제를 통해서, 또 관세 및 무역에 관한 일반 협정GATT이나 세계무역기구WTO 규정을 어긴다는 뉴스를 귀에 못이 박히도록 들었는데, 이제 미국이 주도하는 신냉전 시대에는 그런 세계화 시대의 이야기는 찾아볼 수 없습니다. 트럼프와 바이든은 정도와 방법의 차이만 있지, 한국의 이익을 무조건 옹호해 주지 않았습니다. 트럼프는 천문학적 군사 분담금을 요구하며 안보 동맹을 위협했고, 바이든은 한국 기업들의 미국 투자를 종용했습니다. 이제 나시 맞이한 트럼프의 시대에 우리는 무엇을 더 내놓아야 할지 모르겠습니다.

제2차 세계 대전 이후 맞는 이 세 번째 국제 질서는 한국 경제에 '재앙'이 될 수 있습니다. 그동안 두 번의 국제 환경이 한국의 발전을 도왔다면, 신냉전 패권주의는 한국 경제를 파국으로 몰아갈 수 있습니다. 한국은 이례적으로 2022년 1분기부터 2023년 2분기까지 6분기 연속 적자를 기록했습니다. 26년 만의 최장기 무역 적자였고 적자의 누적 규모는 741억 달러였습니다. 다행히도 2024년 1분기를 기점으로 무역 수지가 개선되기 시작했지만 여기서 오히려 새로운 시대의 문제점이 분명하게 드러났습니다.

2024년 상반기 미국에서 '리쇼어링(본국 회귀)'과 해외 기업 직접 투자로 생긴 새 일자리가 총 18만여 개였습니다. 이 일자리에 가장 많이 기여한 국가는 바로 한국이었습니다. 한국이 18%로 1위, 영국이 15%로 2위, 독일이 11%로 3위, 중국과 일본이 9%로 그 뒤를 이었습니다. 그래서 많은 전문가가 한국의 무역 수지 개선이 국내 투자와 내수 경기의 활성화로 이어지지 않을 가능성이 높다고 보고 있습니다.

그런 우려의 근거는 바로 반도체 제조 장비 수입의 감소입니다. 올해 상반기 무역 수지 흑자의 주요한 요인은 반도체 수출 호조였습니다. 이렇게 수요가 늘면 제조 장비도, 수입도 늘어야 정상입니다. 그런데 이 지표가 2024년 3월 이후 계속 마이너스입니다. 반도체 수출 호조가 국내 설비 투자와 고용으로 선순환되지 않는 것입니다. 우리 기업이 수출로 번 돈이 과거처럼 국내에 쌓이지 않고 미국으로 다시 나가는 것이지요. 이것은 미국에서 어떤 대통령이 나오든 크게 바뀌지 않을 국제 정세의 큰 변화 때문입니다. 그래서 최근 삼성전자의 주가에 반영되고 있는 반도체 시장의 변화는 우리 수출 경제가 근본적인 위기에 봉착했다는 것을 알려 주는 하나의 신호처럼 보입니다.

에너지 전환과 산업의 미래

복합 위기의 또 다른 원인은 에너지 전환입니다. 기후 위기라는 구조적 원인에 더하여 전쟁이라는 우발적 요인은 탄소 기반 경제의 지속 불가능성을 분명하게 보여 줬습니다. 에너지의 많은 부분을 러시아의 가스에 의존하고 있던 유럽 국가들은 친환경 에너지로의 전환을 서두르고 있습니다. 서두르다 못해 '몰빵'하고 있다고 봐도 과언이 아닙니다.

기후 위기 시대에 국제 환경의 변화는 에너지 전환을 가속화하는 결정적 요인입니다. 나라별로 불균등하게 매장된 탄소 배출 지하자원에 의존하는 경제는 신냉전 패권주의 시대에 지속 가능하지 않기 때문입니다. 그래서 유럽뿐 아니라 중국과 미국도 에너지 전환 경쟁에 박차를 가하고 있습니다. 미국-중국-

유럽이 '탄소 제로'를 조기에 딜성하려고 애쓰는 이유는 단지 지구를 살리기 위한 것이라고만은 볼 수 없습니다. 수출 제조업 제품에 대한 국제적 규제의 기준이 탄소 배출이 되리라는 것은 분명한 미래입니다. 그래서 이제 기후 위기는 비단 환경의 문제가 아닙니다. 에너지가 산업과 경제, 일자리와 국가의 운명을 좌우하는 시대가 왔습니다.

탄소 에너지 시대의 종말은 중동의 변화에서 먼저 감지됩니다. 과거 석유 경제로 성장했던 아랍에미리트UAE는 두바이를 건설하고 중개 무역의 나라가 됐습니다. 중동의 대표적 친미 국가인 사우디아라비아는 이란과의 관계 개선은 물론 그 과정에서 중국의 역할을 받아들였습니다. 게다가 중국에 판매한 석유의 대금을 위안화로 받는 것을 고려하고, 상하이에 본부를 둔 일명 '브릭스BRICS 신개발은행NDB' 가입도 검토하고 있습니다. 이 움직임은 탄소 경제 종말을 앞두고 미국의 대중동 전략이 변화한 결과입니다. 미국으로서는 중동이 과거보다 덜 중요해졌고, 그것을 내다본 중동의 친미 국가들도 제 살길을 찾아나선 것입니다.

정부와 국회는 왜 관심이 없을까

여기서도 문제는 한국입니다. 미국과 유럽은 친환경 에너지를 새로운 무역 규제와 공급망 전환의 수단으로 삼을 것입니

　　　　　　　　　압축 소멸 사회

다. 유럽의 완성차 업계가 제조 공정에서 친환경 에너지만을 사용하는 'RE100'을 요구하면서 국내 부품사와의 계약을 취소하기 시작했습니다. 애플 등 미국의 대기업들 역시 RE100을 선언했습니다. 제품을 출시하는 대기업뿐 아니라 자재와 부품을 생산하는 과정에서 발생하는 모든 탄소가 규제 대상이 될 예정입니다. 애초에 친환경 에너지원이 부족한 한국 기업들은 해결 방법을 찾지 못하고 있습니다. 국내 중소·중견기업들의 상당수는 탄소 중립을 위해 무엇을 어떻게 해야 하는지 모르고 있는 것이 현실입니다. 유럽의 고객사들은 납품 과정에서 더 구체적인 자료를 요구하는데, 국내 기업들은 탄소 배출량 측정조차 어려워하고 있습니다. 오죽하면 진보적 매체와 경제 신문들이 함께 이 문제를 거론할까요. 진보와 보수가 함께 걱정하는 일이라면 정말 국가적 당면 과제라는 뜻이 아닐까요?

최근에는 한 중견기업이 공장을 베트남으로 이전했습니다. 해외 고객사로부터 탄소 배출 감축을 위해 2025년까지 재생 에너지 50%를 맞춰 줄 것을 요구받았는데, 국내에서 재생 에너지 조달이 어려웠기 때문입니다. 한국무역협회 조사에 따르면 중소기업일수록 RE100 압박 때문에 재생 에너지 비용이 저렴한 국가로 이전을 고려하고 있었고 가장 유력한 지역은 동남아시아였습니다(52.2%). 베트남은 불과 10여년 만에 태양광 발전 설비를 100배 늘렸는데 그중 절반 이상이 옥상 태양광이었습니다.

상황이 이런데도 정부와 국회는 한가합니다. 전 정부의 '탈원전'을 비판했던 대통령은 후보 시절에 'RE100'이라는 용어 자체를 몰랐다가 낭패를 봤습니다. 이후로 용산 일대에서 RE100은 금기어가 되었다는 말도 나옵니다. 정부에서 이 용어 자체를 쓰기 어려운 이유입니다. 대신 정부는 원전이 포함된 탈탄소CF100라는 개념을 들고나왔는데 이는 국제적으로 통용되는 기준이 아닙니다. 국내 제조업의 미래 경쟁력이 경각에 달했는데도 정부는 체면을 더 중요시하는 데 급급합니다.

손 놓고 있는 것은 정부만이 아닙니다. 2022년 말부터 국회에서 이상한 소문이 들렸습니다. 평소 '규제'라면 자다가도 벌떡 일어나 반대하던 대기업들이 오히려 RE100 규제 법안을 만들어 달라고 로비한다는 것입니다. 정부가 에너지 전환을 할 의지가 없으니 국회라도 나서서 법으로 이행을 강제해 달라는 요청이었습니다. 그런데 이상하게도 여러 기업이 조직적으로 움직였는데도 별 소득이 없었다고 합니다. 얼마 뒤 들려온 소식은, 이런 움직임을 알아챈 대통령실이 기업들에게 강한 경고를 보냈다는 것입니다. 그리고 2024년 초에는 또 다른 뉴스가 들려왔습니다. 삼성전자가 미국 텍사스주에 반도체 공장을 짓고 있는데, 미국이 반도체 관련 직접 보조금 64억 달러를 지급하기로 결정하면서 기존 투자액 170억 달러(약 23조 5000억 원)에 280억 달러를 추가해 총 450억 달러(약 62조 2000억 원)를 투자할 계획이라는 것입니다. 국내에 투자되어 일자리를 만들

자금이 해외로 빠져나가고 있습니다.

기업은 대체로 정치보다 빠릅니다. 위기가 현실화하기 전에 움직이기 마련입니다. 지구적 밸류 체인을 포기할 수 없는 선도적 기술 기업이 먼저 한국을 탈출하기 시작했습니다. 한번 이런 일이 벌어지면 탈출 러시가 일어날 가능성이 큽니다. 미래 가치를 내다보는 주식과 금융 시장도 가만있지 않을 것입니다. 당장 오늘내일의 수출 경기에 일희일비할 수 없는 상황입니다.

불안한 부동산 거품·가계 부채·내수 경기

지금의 대한민국을 만든 '수출 한국'이 국제 정세의 변화와 에너지 전환으로 인해 구조적 위기를 맞고 있습니다. 과거에도 위기가 없지 않았습니다. 그러나 기존의 위기는 우리가 성장 잠재력이 높은 개발도상국일 때 냉전의 틀 내에서 화석 연료의 시대에 겪었던 위기였습니다. 지금은 석유 가격의 일시적 변동이 아니라 산업 혁명처럼 에너지원 자체가 변화하는 국면입니다. 우리의 국제적 위상과 역할에 대해 세계 최강대국이자 우방인 미국이 과거와는 다른 생각을 갖고 있고, 우리 경제도 선진국 문턱에 온 만큼 과거처럼 고성장이 불가능한 상황에서 맞이한 위기입니다.

그렇다면 언뜻 떠오르는 나라가 있습니다. 일본입니다. 일본은 1980년대 버블 경제의 파국과 미국이 수도한 플라자 합의 이후 '잃어버린 30년'이라는 긴 수축 사회의 시간을 보냈습니다. 그동안 엄청난 사회적 비용을 치렀습니다. 그래도 어쨌든 일본은 어두운 터널을 지나 버텨 냈습니다. 한국도 비슷하게 버텨 낼 수 있을까요? 쉽지 않을 것 같습니다. 수출 국가가 수축 사회라는 형태로 이 위기를 버티려면 국내 경제 기반이 튼튼해야 합니다. 부동산 거품이 서서히 꺼지는 것을 버틸 만큼 금융이 튼튼해야 하고, 수출 감소의 여파를 수용할 만큼 내수 시장이 커야 합니다. 한국은 둘 다 좋지 않습니다. 무엇보다 부동산 거품으로 인한 자산 양극화와 가계 부채가 부담입니다. 특히 다른 나라보다 높은 자영업자 비율은 경제 침체기에 우리 경제의 아킬레스건입니다.

심판만 요구하는 무책임한 정치

이렇게 위기를 넘어 소멸로 가는 대한민국에서 국가 경영에 가장 큰 책임이 있는 사람은 누구일까요? 국민에게서 권력을 위임받은 대통령과 정부, 국회의 정치인들입니다. 그런데 이 사태를 팔짱 끼고 바라만 보는 사람도 바로 그들입니다. 왜일까요? 제22대 총선 때문입니다.*

* 이 글은 제22대 총선 이전, 2023년 상반기에 작성된 것입니다. 그 이후 1년 간 실제로 벌어진 일들과 비교해 볼 수 있겠습니다.

압축 소멸 사회

총선이 1년 가까이 남았지만 거대 양당의 선거 프레임은 이미 정해졌습니다. '심판'입니다. 여당은 '문재인 정부와 야당 심판'이고, 야당은 '윤석열 정부와 여당 심판'입니다. 정부·여당이 지난 1년 여간 여러 비판을 받으면서도 '전 정부 탓' 프레임을 지속한 이유는 2020년 총선의 기억 때문입니다. 당시 더불어민주당은 탄핵된 세력이 아직도 국회 권력을 차지하고 있어서 개혁이 불가능하다고 주장하면서 '확실한 적폐 청산'을 요구했습니다. 결과는 180석 석권이었습니다. 반대로 국민의힘은 제20대 대선에서 '문재인 정부 심판'으로 승리한 기억을 갖고 있습니다. 자기들이 잘하려고 노력하기보다는 상대를 심판하는 프레임에 매달리는 것입니다. 여당은 국민들이 윤석열 대통령을 마음에 들어 하지 않더라도 문재인 정부 심판을 강조하면 지지층이 결집하리라고 기대합니다. 이에 대해 민주당 역시 '윤석열 정부 심판론' 외에 다른 전략은 보이지 않습니다. 민생보다는 야당 탄압을 강조하기에 급급합니다.

이제 모든 것이 이해됩니다. 심판 프레임에서 머무는 한 두 정치 세력은 '나라가 망할수록 자신에게 유리하다'고 생각할 수밖에 없습니다. 인구 소멸도, 세계 질서의 변화도, 에너지 전환이라는 거대한 변환에도 아무 관심이 없습니다. 정부는 국가 경영에 신중을 기할 필요가 없습니다. 정부·여당은 국가의 미래가 아니라 집권 세력, 지지 세력의 이익을 지키기 위해 필사적입니다. 국정 운영에 대한 책임은 뒷전입니다. 결과가 나쁘면 전 정부와 야당 탓을 하면 됩니다. 야당은 정부가 외교와 경제를 망치고 있으니 반사 이익을 누릴 준비를 하고 있습니다. 모두 나라가 망해도 좋은 것입니다. 아니, 망하게 방치할수록 좋습니다. 그 책임을 누구에게 돌리는 게 더 설득력이 있느냐의 문제만 남았습니다. 물론 나라가 망하기 전에 '나의 공천'이라는 더 중요한 문제가 남아 있지만 말입니다.

바야흐로 희망 소멸 사회

우리 역사에서도 이런 때가 없지 않았습니다. 조선을 청나라가 구하리라고 생각한 사람들은 청나라 군대를 끌어들였고, 일본이 구하리라고 생각한 사람들은 일본군을 끌어들였습니다. 전쟁이 벌어지는 곳은 한반도이고 죽는 이는 우리 국민이겠지만 그런 것은 별로 중요하지 않았습니다. '나의 정치적 이익'과 '역시 내 말이 옳지 않았냐'는 존재의 증명이 그들에겐 더 중요했습니다. 그리고 나라가 망했습니다.

늘 불쌍한 것은 국민들, 특히 사회적 약자들입니다. 이 시대에는 청년과 여성, 지방에 사는 국민들이 상대적으로 더 어렵습니다. 지금 대한민국 청년들은 아마도 인류 역사상 가장 극심한 경쟁을 '공정'이라는 이름으로 겪어 내는 중입니다. 그 경쟁에서 대부분은 불행해집니다. EBS의 한 프로그램에서 물었을 때, 경쟁에서 이긴 청년들조차 행복하지는 않다고 말합니

압축 소멸 사회

다. 가장 심각한 것은 이 경쟁이 공정하지 않고 절대 공정해질 수 없다는 사실을 누구나 안다는 것입니다. 그래서 아이를 낳지 않습니다. 나는 지옥에 살지만 내 아이까지 지옥에 살게 하고 싶지 않기 때문입니다.

청년들은 이 아귀다툼의 실체를 너무나도 절실하게 체험했고 그것이 얼마나 비인간적인지 잘 알지만 동시에 그것이 절대 바뀌지 않으리라고 생각합니다. 앞 세대들은 경쟁을 통한 공정을 경험했지만 지금은 그것이 통하지 않습니다. 그래서 이 공동체에서는 위기를 극복하겠다는 의지도, 그것을 함께 이겨 내겠다는 연대도 찾아보기 어렵습니다.

이것은 '경쟁을 통한 공정 능력 사회'를 지향한 결과로서의 '희망 소멸 사회'입니다. 저출생의 원인은 우리에게 희망이 없기 때문입니다. 희망이 완전히 소멸한 사회는 어떤 모습일까요? 아직 선거는 10개월이나 남았습니다. 그러나 지금의 정치는 자기들을 구원할 뿐, 나라와 국민을 구하려고 하지 않습니다. 우리는 서서히, 그러나 분명하게 그 실체를 보게 될 것입니다.

압축 성장
대한민국,
압축 소멸을 결심하다

'희망 소멸 사회'를 주제로 첫 번째 글을 쓴 지 2주 후, 박명림 연세대 교수가 쓴 한 일간지의 기고문에는 그 소멸의 속도가 간명하게 표현되어 있었습니다. "대한민국은 압축 성장에서 압축 소멸로 치닫고 있다. 벼락 발전에서 벼락 소멸로 나아가고 있다. (…) 우리는 소멸로 치닫는 이 나라를 과연 다시 살려 낼 수 있을까?"(《경향신문》2023년 6월 15일 자)

인간이 영원히 살 수 없는 것처럼 국가도 언제까지나 존재할 수는 없을 것입니다. 국가가 소멸하는 이유는 전쟁, 기근, 경제 파탄, 자원 고갈, 기후 변화 등 다양합니다. 이 중 어떤 것은 그 나라의 구성원들이 열심히 노력해서 막아 낼 수 있고, 또 어떤 것은 개별 국가가 감당하기 어려운 것도 있을 것입니다. 그러나 이런 심각한 문제가 없는데도 다음 세대를 낳지 않아 스스로 소멸을 선택한 국가가 과연 역사에 있었던가요?

국가를 함부로 의인화하는 것은 위험한 일입니다. 국가를 마치 천황을 정점으로 하는 하나의 생명체처럼 세뇌시켰던 일본의 제국주의 국가유기체론은 생각만 해도 섬뜩합니다. 그러나 이런 전체주의적 발상을 차치하고라도 한 사회나 국가 공동체가 보여 주는 특성을 비유적으로 조명해 볼 수는 있을 것입니다. 그런 차원에서 지금의 대한민국을 굳이 사람에 비유해 본다면 세계 1위의 저출산율을 지속적으로 기록하고, 또 빠른 속도로 그 정점을 향해 치닫고 있는 이 나라는 지금 자살을 결심한 것으로밖에 이해되지 않습니다.

성공의 딜레마

겉으로만 보면 사실 납득이 잘 되지 않습니다. 광복 이래 지난 70여 년간 대한민국은 엄청난 성공을 거뒀고 지금이야말로 가장 성공한 시점이라고 할 수 있기 때문입니다. 한국은 제2차 세계 대전 이후 식민지에서 독립한 많은 가난한 나라 중 하나였습니다. 그런 나라들이 겪지 않은 분단과 전쟁의 시련도 겪었습니다. 만약 한국이라는 나라가 자살을 시도한다면, 오히려 일제강점기를 겨우 벗어난 상황에서 분단을 거쳐 동족상잔의 전쟁을 치른 직후여야 할지 모릅니다. 그러나 한국은 그 엄청난 고난을 이겨 냈습니다. 근대화와 산업화, 민주화를 모두 성취하며 세계 10위권의 경제 강국이 되었습니다.

이렇게 한국은 악착같이 살아남았습니다. 사실 살아남은 정도가 아니지요. 1965년 당시 끼니를 걱정해야 하는 절대 빈곤층은 국민의 40%가 넘었습니다. 당시 한국의 1인당 국내총생산GDP은 108달러로 세계 121위였습니다. 그런데 2017년에 한국의 실질구매력은 기준 1인당 GDP는 4만 달러를 넘어서면서 일본을 앞질렀습니다. 이것은 정말 많은 한국인에게 상징적인 사건이었습니다. 한국이라는 나라는 20세기 내내 일본이라는 이웃 나라와 정말 많은 일을 겪었고, 많은 한국인의 머릿속에서 일본은 절대 넘을 수 없는 벽이었습니다. 그러나 지금 한국의 MZ 세대는 일본을 '물가 싸고 여행하기 좋은 나라'나 '과거사 문제를 사과하지 않는 이상한 나라' 정도로 여길 뿐, 열등감은커녕 경쟁심조차 불러일으키지 않는 그런 나라가 되었습니다.

경제 성장만이 아닙니다. 한국의 민주주의도 대단히 예외적인 성공 사례입니다. 우리에게는 긴 시간으로 느껴지지만 상대적으로 보면 사실상 독재가 시작된 1950년대 중반 이후 1987년 민주화까지는 한 세대 남짓밖에 걸리지 않았습니다. 그리고 민주화 이후 우리는 한 세대 이상 민주주의를 잘 지켜 오고 있습니다. 2017년 대통령 탄핵은 시민의 자유로운 참여에서 출발해 헌정 절차에 따라 이뤄졌는데, 이것이야말로

'87년 민주화 체제'가 견고하게 자리 잡았다는 하나의 증거라고 할 수 있습니다.

가장 큰 성취는 전혀 예상하지 않은 곳에서 일어났습니다. 한국 문화가 세계의 주류로 떠오른 것이지요. 드라마, 한식, 뷰티 등에서 조용히 시작된 한류는 영화와 OTT 시장 등을 통해 월드 클래스로 떠올랐고, 방탄소년단BTS으로 상징되는 케이팝은 국경과 인종을 완전히 뛰어넘었습니다. 한국말로 된 아시아인의 노래를 전 세계인이 따라 부르는 일을 과연 20세기에 상상할 수 있었을까요?

그런데 바로 이 시점에 한국은 자살을 결심했습니다. 더 이상 공동체를 지속시키지 않기로 결정한 것입니다. 과연 인류 역사에 이런 나라가 있었을까요? 세계의 최빈국이자 약소국으로 분단과 전쟁까지 겪은 나라가, 실로 엄청난 속도로 세계 최고 수준의 정치·경제·문화를 성취한 다음, 바로 그 정점에 도달한 때에 소멸하기로 작정한 것입니다. 만약 한국이 다음 한 세대 안에 인구 회복의 탄력성을 완전히 잃고 소멸해 버린다면 이는 단순히 한 나라의 소멸이 아니라 인류 문명사에서 볼 때도 참으로 기이한 일이 될 것입니다. 미래의 인류는 한국이라는 나라의 성장과 소멸을 통해 '인간과 사회란 어떤 존재인가?'라는 본질적인 질문을 던지게 될지도 모르겠습니다.

희망 없는 청년들

소크라테스는 한 인간의 정의와 옳음에 대해 말하기 위해서 더 큰 어떤 것인 '국가'를 비유로 들었습니다. 저는 반대의 방법을 택해 볼까 합니다. 국가의 소멸을 이해하기 위해서 인간의 소멸을 고민해 보는 것 말입니다. '왜, 언제 인간은 죽음을 선택하는가?' 그 답은 아마도 '희망이 없기 때문'일 것입니다. 인간이란 존재는 참으로 묘해서 눈앞에 닥친 엄청난 고난은 굳은 결심과 노력으로 잘 이겨 내지만, 그 어려운 과정을 다 통과한 뒤에 마주치는 허무나 절망 앞에서는 쉽게 무너집니다. 사람은 밥이나 물 없이도 며칠이나 버틸 수 있지만 희망 없이는 단 하루도 살지 못하기 때문입니다.

희망이란 지금보다 더 나아지리라는 가능성에 대한 믿음입니다. 아우슈비츠에서의 경험을 기록한 빅터 프랭클의 《죽음의 수용소에서》가 보여 주듯이, 희망만 있다면 인간은 감옥이나 수용소에서도 잘 버텨 냅니다. 심지어 희망만 있다면 자기 생명을 기꺼이 희생하기도 합니다. 개인보다 더 큰 공동체의 미래를 위해, 또 자기 후손이 더 나은 삶을 살리라는 희망이 있다면 인간은 가장 소중한 생명까지 내어놓습니다.

그렇다면 희망이 없다는 건 무엇일까요? 지금보다 더 나은 삶을 살 가능성이 별로 없다는 뜻일 겁니다. 이 공동체에서의 삶이 지금도 행복하지 않지만, 앞으로도 행복해질 가능성이 없다고 사람들이 생각한다는 것입니다.

아이를 낳을 것인지는 청년 세대의 선택입니다. 그런데 왜 청년 세대는 희망이 없다고 생각할까요? 2016~2020년에 실시한 제7차 '월드 밸류 서베이World Values Survey(세계 가치 조사)'에서, 한국 청년 중 '노력해도 성공하지 못한다'고 응답한 비율은 무려 20.8%로 나타났습니다. 한국의 전체 연령대에선 14.1%였는데 이는 전체 국가 청년의 응답률인 14.7%와 크게 다르지 않습니다. 그러니까 한국에서도 유독 청년 세대의 절망이 더 크다는 것입니다. 더욱 주목할 만한 것은 지난 2차 조사(1990~1994년) 때와의 격차입니다. 당시에는 그렇게 응답한 비율이 8.4%에 불과했기 때문입니다. 세계적으로는 2차 조사 때 16.0%에서 14.7%로 오히려 부정적 인식이 줄어들었는데 유독 한국 청년들만 수직 상승을 한 것입니다. 도대체 한국에서는 1995년 이후 어떤 일들이 있었던 것일까요?

청년의 90%에게 예정된 실패

2021년 한국방송KBS이 실시한 '세대 인식 집중 조사'에서 '집값 상승은 미래에 대한 나의 희망을 무너뜨렸다'라는 항목에 '매우 그렇다'고 응답한 청년의 비율은 45.2%였습니다. 이 질문에 대해 같은 대답을 한 50대는 38.0%였습니다. '암호화폐가 내 경제 문제를 해결할 수 있는 거의 유일한 길이다'라는 항목에는 청년의 34.7%가 '매우 그렇다'와 '그렇다'라고 답했는데 50대는 13.7%만이 같은 답변을 했습니다. 20~30대의 절망이 훨씬 더 크게 나타난 것입니다.

이 조사를 분석한 임동균 서울대 교수는 "인생은 왜 살아야 하는지, 동료 구성원을 어떻게 인식하는지, 사회를 지탱하는 근본적인 가치를 어떻게 지켜 갈 것인지 등에 대해 이미 상당히 많은 청년이 의미를 느끼지 못한다는 것"이며 "우리가 유지해 온 공동체의 사회적 해체를 뜻하는 매우 심각한 문제"라고 말했습니다.

최근 한 입시 전문가로부터 들은 이야기입니다. 전국의 많은 고등학교가 1학년 첫 중간고사를 본 뒤부터는 상위권 10% 학생들을 중심으로 학교를 운영한다고 합니다. 나머지 90% 학생은 1학년 때부터 공공 교육에서 배제되는 것이지요. 대학에 가면 어떻게 될까요? 윤홍식 인하대 교수의 《이상한 성공》에 따르면 '괜찮은 일자리'로 불리는 대기업·공공 부문 신규 일자리 수는 연간 7만 개 정도입니다. 1990년대 출생자를 기준으로 하면 동일 연령대의 10% 정도만이 이 괜찮은 일자리에 들어갈 수 있습니다.

입시와 일자리, 어른들이 흔히 청년들의 삶을 평가하는 기준인 이 두 가지 분야에서 성공했다고 말할 수 있는 비율은 이미 정해져 있습니다. 대한민국에서 90% 청년에게는 '실패'가 예정되어 있는 것입니다. 그런데 다른 선진국들이라고 이런 괜찮은 일자리의 수가 훨씬 더 많은 것은 아닐 겁니다. 우리와 비슷한 수준 이상의 경제력을 갖춘 나라들의 성장률도 그렇게 높지는 않을 테니까요. 그럼 무엇이 문제일까요?

두 가지 요인을 생각해 볼 수 있습니다. 시간과 공간의 차이입니다. 외환 위기를 맞기 전인 1990년대 중반까지 한국은 고도성장을 지속하던 나라였습니다. 새로운 일자리, 좋은 일자리가 계속 생겨났습니다. 입시 경쟁이 없었던 것은 아니지만 청년들 중 다수는 대학을 나오지 않고도 괜찮은 일자리를 얻을 수 있었습니다. 이런 상황에서는 '공부를 못하면 기술이라도 배우라'는 말이 일리가 있었지요. 개인들의 여건은 다르겠지만 누구든 열심히 노력을 한다면 그럭저럭 살아갈 수 있는 사회라고 믿었고, 그것이 어느 정도 사실이기도 했습니다. 그래서 어른들은 청년들의 삶이란 자기 하기 나름이라고 여깁니다. 그것이 자기들의 생애 경험이었으니까요. 그러나 그 이후로는 달라졌습니다. 7~10% 성장 시대의 경험과 1~2% 성장 시대의 상황은 다를 수밖에 없습니다. 주어진 여건이 어렵거나 한번 돌부리에 걸려 넘어지면 다시 일어나기가 어려워졌습니다. 외환 위기 이후의 대한민국은 각자도생과 무한 경쟁이 지배하는 '부자 되세요 이데올로기'의 사회가 되었습니다.

이런 시간적 차이의 문턱을 넘어서는 방법이 있습니다. 제도와 생각을 바꾸는 것입니다. 삶에 대한 평가, 곧 행복의 기준을 입시와 일자리가 아니라 더 다양한 요소들이 채우고 그것을 얻을 수 있는 기회가 모두에게 충분히 주어진다면 상황은 달라질 것입니다. 태어난 배경에 따른 기회 요인의 차이를 줄일 수 있는 국가의 복지, 20대 초반에 인생의 방향과 삶의 질이 결정되는 것이 아니라 여러 번 다시 도전할 수 있는 기회가 있는 나라, 물질적 풍요 이외에 건강, 자유, 가족, 일에서의 보람, 여가, 친구들과의 교제 등에서 행복을 얻는 사람들, 아마도 이런 것이 행복도가 높은 선진국들에 존재하는 조건일 것입니다. 그런 공간에서는 저성장에도 불구하고 청년들이 절망할 이유가 별로 많지 않을 것입니다. 그러나 우리는 과거의 사고방식과 제도를 지금도 바꾸지 못하고 있습니다. 이것이 세대 간의 인식 차이와 갈등, 청년들의 절망감을 부르고 있습니다.

질문을 바꿔야 할 때

물질적 풍요가 행복의 중요한 요소인 사회에서 90%는 실패할 수밖에 없는 구조, 이것이 오늘의 대한민국입니다. 여기서 청년 개개인이 선택할 수 있는 것은 '경쟁에서 살아남는 것'뿐일까요? 그래서 그들에게 '공정한 경쟁'의 조건을 제시하면 이 문제가 해결될까요? 우리는 그렇게 생각했던 것 같습니다. 그래서 지난 두 번의 대선에서 '공정'을 내세운 대통령을 뽑았나 봅니다. 경쟁의 레이스에서 모두에게 일률적으로 주어지는 기회의 평등이 꼭 공정한가의 문제는 뒤에서 다시 살펴보겠습니다. 그런데 여기서 정작 더 중요한 문제는, 그렇게 공정한 경쟁이 이루어진들 그 결과가 과연 정의로울까, 그래서 우리는 행복해질까 하는 것입니다.

과연 청년들은 다른 세대보다 그런 경쟁을 더 많이 원할까요? 꼭 그렇지도 않은 듯합니다. 통념과 달리 청년들은 다른 세대보다 특별히 더 '공정'에 집착하지 않습니다. 앞에서 언급한 KBS 조사에서 청년들은 절차적 공정성의 엄격함에 대해 50대보다 오히려 더 유연한 모습을 보였습니다. 임금과 능력의 관계에 대해서도 마찬가지였고요. 우리는 뭔가 잘못 생각하고 있는 것입니다.

앞서 언급한 EBS 다큐멘터리 〈교육격차〉에서 청년들은 경쟁에서의 성공과 행복을 분리했습니다. 중요한 대목은 이겁니다. 경쟁에서 이긴 10%조차 이 경쟁이 지속되기를 원하지 않았다는 것이지요. 90%가 실패할 수밖에 없는 나라, 성공한 10%조차 행복하지 않은 나라, 이런 나라에서 자살률이 떨어지지 않는 것은 당연하지 않을까요? 그리고 이 자살을, 한 세대 동안 내버려둔 결과 국가가 통째로 자살하기 시작했습니다.

저는 수업 시간에 학생들에게 종종 이런 질문을 합니다. '100명이 탄 배가 침몰하고 있다. 구명정에 탈 수 있는 사람은 10명이다. 어떤 기준으로 구명정에 탈 사람을 정하면 공정할까?' 우리는 이런 질문에 답하는 방식으로 지난 100년을 살아왔습니다. 10명 안에 들기 위해 100명이 다 열심히 경쟁하는 사회를 만들었지요. 그런데 이 질문은 앞으로도 유효할까요? 이미 그렇지 않다는 증거는 많습니다. 사실 여기서 10명을 선거로 뽑든 추첨을 하든 시험 성적으로 뽑든 부모의 재산으로 뽑든 그것은 얼마나 큰 의미가 있을까요? 만약 우리가 질문을 바꿔야 한다면, 우리는 이제 어떤 질문을 던져야 할까요?

지금 여기
사는 청년이
행복해야 하는 이유

2024년 제22대 국회의원 선거를 앞두고 주요 정당이 저출생 대책을 발표했습니다. 그동안 정쟁에만 몰두하던 거대 정당들이 정책에 관심을 표명한 것, 그중에서도 '인구 소멸'이란 문제에 집중한 것은 매우 의미 있는 일입니다. 대통령도 저출산고령사회위원회 부위원장에 전직 장관 출신을 임명했는데, 지난 1년 반 동안 허송세월하던 위원회의 상황을 개선해 보려는 의지를 보였다는 점에서는 높게 평가할 수 있습니다. 그런데 대통령과 여야 대표 같은 정치권의 중요 인사가 이런 메시지를 던졌음에도 우리 사회에서는, 특히 청년들 사이에서는 뭔가 실질적인 변화가 있으리라 기대하는 분위기를 찾아보기 어렵습니다. 왜일까요?

저출생의 8가지 유형

우리는 이미 저출생의 원인에 대해 답을 모르고 있지 않습니다. 2023년 통계청이 발표한 '사회 조사로 살펴본 청년의 의식변화' 내용을 보면, 세대·성별 간에 결혼과 출산, 일과 가정에서 여성의 역할에 대한 생각의 차이가 좁혀지지 않았기 때문입니다. 또 많은 연구가 이를 뒷받침합니다.

저출산고령사회위원회 김영미 전 부위원장은 저출생을 극복하기 위해서는 국가와 사회가 '재생산권을 모든 개인과 커플의 권리로, 남녀의 동등한 권리로 인정하는지, 젠더 평등한 재생산권 실현을 위한 남성의 책임과 참여를 강조하는지'가 핵심이라고 말했습니다. 그리고 '현재 저출산 대응에서 필요한 것은 단순한 정책의 변화가 아니라, 저출산 문제를 바라보는 국가의 관점과 태도의 변화, 저출산 담론의 재구성'이라고 주장했습니다.(〈저출산·고령사회 기본계획에 대한 젠더 분석〉, 2018.)

경기도가족여성연구원의 최영미 박사와 경기대의 박윤환 교수는 저출산을 ①의지적 저출산 ②숙명적 저출산 ③사회적 저출산 ④경제적 저출산 ⑤정책적 저출산 ⑥이타적 저출산 ⑦물리적 저출산 ⑧차별적 저출산, 총 8개 유형으로 나눴습니다. 그리고 '저출산의 원인이 대부분 청년층 삶의 질과 연결됐고, 결혼과 출산의 자발적인 거부라기보다는 이를 거부하게 하는 사회 구조'가 문제라고 결론지었습니다.(〈결혼 및 출산에 대한 인식

압축 소멸 사회

변화 분석과 저출산 원인의 유형화〉, 2019.)

그렇다면 앞에서 던진 질문의 답을 찾는 것은 생각보다 간단합니다. 주요 정당이 내놓은 공약과 정책이 이런 문제의식을 충분히 반영했는지, 그래서 잘 들어맞는지를 따져 보면 됩니다. 먼저 여당인 국민의힘의 공약을 봅시다. 부총리급 '인구부'를 신설하고, 아빠의 유급 휴가 1개월을 의무화하고, 육아로 자리를 비운 직원의 유연 근무를 지원하기 위해 다른 직원에게 수당을 지급해 동료 연대를 강화하고, 출산과 육아를 지원하는 가족 친화형 중소기업에 세제 혜택을 주는 것이 주요 내용인데요. 어떻습니까? 아빠가 1개월짜리 유급 출산 휴가를 가고, 다른 동료들에게 그 부담을 전가하고, 정부 정책을 따르면 세제 혜택을 준다는 식의 상투적 대안이 과연 청년들의 생각을 바꿀 수 있을까요?

이번 대책을 보면 대통령이 저출산고령사회위원회 부위원장을 교체한 이유도 짐작이 갑니다. 대통령은 이전부터 위원회에 '과감한 대책'을 요구했다고 합니다. 그런데 말만 과감하게 한다고 되는 일이 아니지 않겠습니까? 저출산고령사회위원회에서는 '위원회의 위상이 약한 데다가 예산과 정책 결정권도 없는데 어떻게 타 부처의 반대를 무릅쓰고 과감한 대책을 내놓을 수 있느냐'는 볼멘소리가 나왔다고 합니다. 어떻게 보면 당연합니다. 실질적 권한과 충분한 지원은 해 주지 않으면서 '돌격 앞으로'만 외친다고 전쟁에서 승리할 수 있는 것은 아니지 않겠습니까. 누군가 대통령에게 '역시 학자 출신이라서 추진력이 없다. 관료 출신이 일은 잘한다'고 속삭였을지 모르겠습니다. 그러면 기획재정부 출신의 '불도저'라는 별명을 가진 주형환 전 산업통상자원부 장관은 어떤 '과감한 대책'을 내놓을 수 있을까요?

야당의 대책은 어떻습니까? 두 자녀 출산 시 24평 주택, 세 자녀 출산 시 33평 주택을 분양 전환 공공 임대 방식으로 제공하고, 모든 신혼부부에게 가구당 1억 원을 대출해 주고, 8~17살까지 자녀 1인당 월 20만 원의 아동 수당을 지급하고, 아이 돌봄 서비스를 확대하며, 육아 휴직 급여에 더해 '워라밸 프리미엄' 50만 원을 추가 지급하고, 취업 여부와 무관하게 아이를 가진 모든 국민에게 출산 전후 휴가 급여와 육아 휴직 급여를 보편적으로 보장하는 제도를 도입하겠다는 것이 주요 내용입니다.

아무래도 야당이니 당장 정책의 실현을 책임져야 하는 여당보다는 과감한 내용이 많습니다. 그런데 정책의 내용은 사실 간단한 편입니다. 결혼해서 아이 낳으면 집 주고 돈 준다는 것이지요. 공약 순서를 보면 의지가 분명합니다. 1번이 주택, 2번이 지원금, 3번이 공공 의료, 4번이 일·가정 양립입니다. 위에서 전문가들이 제시한 원인과는 순서가 완전히 바뀌어 있습니다. 과연 이런 정책으로 저출생이 극복되리라 생각하는 걸까요? 아니면 우리 청년들을 너무 단순하게 보는 것일까요?

지역을 떠나고 싶지 않은 절반의 청년들

몇 년 전 경남연구원에서 근무할 때, 지방 소멸과 청년 유출의 원인에 대해 대규모 조사를 한 적이 있습니다.('2020년 경상남도 청년 실태 조사') 그전까지 지역의 청년 유출에 대한 선입견은 이런 것이었지요. '청년들은 지역을 떠나고 싶어 한다. 어떤 젊은이가 지역에 살고 싶겠나. 청년의 마음은 지역을 떠났고 그들에게 애착을 갖도록 만드는 건 어렵다. 현금성 지원이나 일자리 같은 물질적 지원을 통해 떠나려는 청년을 붙잡아야 한다.' 많은 지방 청년 대상 정책이 이런 시각에서 입안되었습니다.

그런데 조사 결과는 좀 달랐습니다. 절반에 가까운 청년이 예상대로 지역을 떠나고 싶어 했지만 더 많은, 절반이 넘는 청년들은 지역을 떠나고 싶어 하지 않았습니다. 떠나고 싶지 않은 이유는 가족이나 친구 때문이었고요. 우리는 과연 이런 부분을 얼마나 진지하게 생각해 봤을까요? 지금 거주하고 있는 지방에서는 주거비나 물가 부담이 적은 편이라 생활 여건으로만 보면 나쁘지 않다는 응답도 많았습니다. 내 가족과 친구가 있고 살기에도 크게 불편하지 않다는 것이죠. 떠나려는 이유는 물론 '양질의 일자리가 없다'는 것이 가장 컸습니다. 살고는 싶은데 괜찮은 일자리가 없다는 겁니다. 일자리 못지않은 이유로 다음 순위를 차지한 것은 권위주의적 문화와 교육 환경의 열악

함이었습니다.

여기서 특정 지역의 청년 유출과 그 원인을 논하려는 것은 아닙니다. 몇 년 전에 있었던 한 번의 조사를 통해, 우리 청년들이 과연 지역을 떠나고 싶어 하는지 아닌지를 단정적으로 말하려는 건 더욱 아닙니다. 다만 우리가 인구 소멸이나 지방 소멸에 대해 지금까지 접근을 잘못해 온 것은 아닌지, 그래서 문제를 풀기가 어려웠던 게 아닌지 하는 질문을 던지기 위함입니다.

우리는 '청년은 지역을 떠나고 싶어 해'라는 선입견을 갖고 있습니다. 비슷하게 '청년은 아이를 낳고 싶어 하지 않아'라고 여기기도 합니다. 그리고 '그것이 문제다'라고 생각합니다. '그것이 문제다'라는 생각은 쉽게 '그것이 원인이다'라는 생각으로 연결되고, 그 원인을 제거하려는 노력은 다시 그 현상 자체를 '문제화'합니다. 요컨대 저출생이 문제고, 저출생의 원인은 청년이 결혼과 출산을 하지 않기 때문인데, 그 원인은 또 결혼이나 출산·육아·교육 과정에서의 수고와 경제적 여유가 없기 때문이라는 식으로 생각합니다. 과연 청년이 지역을 떠나고 아이를 낳지 않는 것은 문제의 원인일까요, 결과일까요?

지금 여기 사는 청년을 행복하게

당시 청년 정책을 고민하면서 연구진이 합의하고 내린 결

압축 소멸 사회

론은 정책의 목표와 방향을 바꾸자는 것이었습니다. 말하자면 '떠나는 청년을 붙잡자'가 아니라 '지금 여기 사는 청년을 행복하게 하자'였습니다. 떠나는 청년만 보고 있으면 그들에게 결핍된 것이 무엇인지만 찾게 됩니다. 청년을 돌아오게 하고 싶으면 그들이 찾는 게 무엇인지만 보게 됩니다. 정작 여기 사는 청년의 삶, 아직 떠나지 않은 청년의 삶은 잘 보이지 않습니다. 지역 청년들은 거기에 존재한다는 사실만으로 이미 긍정적 시선의 대상이 되지 못하는 경우가 많기 때문에 더욱 그렇습니다.

그래서 발상을 바꿔 보기로 했습니다. '지금 경남에 살고 있는 청년들이 전국에서 가장 행복하다면 그것으로 충분하지 않을까? 떠나지 않으면, 찾아오면, 그때 뭘 준다는 정책이 아니라 지금 여기 사는 청년을 먼저 행복하게 해 보자.' 당시 경남에서 그렇게 만든 정책들은 기존의 고정관념을 벗어나기 위해 노력한 결과들이었습니다. 그런데 이런 종류의 정책은 그냥 내용만 바꾼다고 되는 것이 아닙니다. 정책의 집행자인 행정은 물론이고 지역 공동체 전체가 그 정책 대상을 어떻게 생각하느냐가 중요합니다. 그런데 이게 청년을 바라보는 관점 자체를 바꾸는 것이기 때문에 쉽지가 않습니다. 그러나 반드시 필요합니다. 청년 정책을 시행하면서 속으로는 이들을 서울로 가지 못한 청년들이라고 무시하고 일방적인 수혜 대상으로 간주한다면 예산만 투입하고 효과를 보기는 어렵습니다. 그런 관점으로는 청년 정책에 아무리 많은 투자를 한들 그들이 떠나는 것을 막지 못합니다.

지금 우리의 저출생 대책을 보면 딱 그렇습니다. '결혼하면, 아이를 낳으면 집 주고 돈 준다'는 식입니다. 마치 청년들의 귀에 대고, 결혼해서 아이를 낳으라고 호통을 치는 것 같습니다. 이런 정책이 나오는 이유는 '여유가 없는 청년들이 아이를 낳지 않는다'는 사실 자체에만 피상적으로 접근한 결과입니다. 청년들 중에 풍족하고 여유 있는 경우가 얼마나 있습니까? 그걸 출산과 연계해 집 주고 돈 준다고 하는 게 과연 맞습니까? 아니면 여유가 없는 청년들이라도 서로 사랑하면 결혼할 수 있고, 보육과 교육은 우리 공동체가 함께 책임지겠다는 태도를 그들에게 보여 주는 것이 중요할까요? 청년들이 아니라 우리의 생각과 태도를 한번 반성적으로 되돌아봅시다. 아직 집도 없고 수입도 안정적이지 못한 청년들이 결혼해 아이를 낳겠다고 한다면 우리는 어떻게 여길까요? 그런 커플에게 정부 재원을 투입해 지원한다면 우리는 그것을 응당한 지원이라며 흔쾌히 받아들일까요, 아니면 좀 더 안정됐을 때 아이를 낳으면 좋은데 왜 일찍 아이부터 낳으려 하느냐고 생각할까요?

당장 내가 불행한데 결혼·출산이 가능할까

아이는 잊어버립시다. 결혼도 잊어버리고요. 지금 미혼인 청년들이 좀 더 행복하게 살도록 할 수는 없을까요? 지금 아이를 키우는 사람들이 좀 더 행복할 수는 없을까요?

청년들의 눈에는 아직 보이지 않는 먼 미래보다 지금 당장 내 삶이, 또 주변의 가족이 더 눈에 잘 들어오게 마련입니다. 당장 내가 불행한데 결혼하면 갑자기 행복해지리라고 기대할 수 있을까요? 그런 생각으로 한 결혼이라면 과연 행복할까요? 지금 결혼한 가정이 불행한데, 너는 결혼하면 행복해질 거라는 속삭임을 믿을 수 있을까요? 아마 아닐 겁니다. 혼자서는 외롭고 불행하고 힘들어야 둘이 만나서 결혼하고 아이를 낳는 걸까요? 아니면 혼자서도 충분히 행복할 수 있는 사람들이 만나 행복한 결혼 생활을 하고 아이를 잘 키울 수 있는 걸까요?

당장 이런 건 어떻습니까? 우리는 OECD 회원 38개국 중에서 오래도록 자살률 1위를 놓치지 않았을 뿐 아니라, 평균치인 10만 명당 11.1명의 2배가 넘는 24.1명을 기록했습니다 (2018~2020년). 자살률이 높으면 청년들이 결혼을 빨리 할까요, 아니면 이런 상황에서는 결혼이 중요한 게 아니라는 생각을 하게 될까요? 이런 나라에서 청년에게 아이 낳으면 집 주고 돈 준다고 하면 얼씨구나 하고 아이를 낳을까요? 다음 장에서 이 이야기를 이어 보겠습니다.

지극히
한국적인
자살률과 출생률

한국이 세계 10위권의 경제 대국이고 BTS와 드라마 〈오징어 게임〉을 가진 문화 대국이라는 자부심에 우리의 어깨가 좍 펴집니다. 그러나 이런 정도는 아무것도 아닙니다. OECD 부동의 1등 항목이 있습니다. 그것도 평균치를 2배나 넘기는 압도적 수치를 기록하고 있습니다. 바로 자살률입니다.

지극히 '한국적인' 자살률

한국이 원래 자살이 많지 않았냐고요? 아닙니다. 한국의 자살률(인구 10만 명당 자살자 수)은 1990년 초반까지 OECD 회원국 가운데 가장 낮은 수준이었고, 자살자 수도 1983년에서

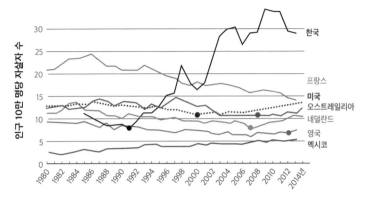

자료: 세계보건기구(WHO)

1980~2014년 OECD 회원국 자살률 추이

1992년까지는 연간 3천 명대를 유지했습니다. 그런데 이때부터 20년 동안 자살자 수가 급등합니다. 1993년에 4천 명대, 불과 3년 뒤인 1996년에는 5천 명을 넘어섰고 이때부터 상승세가 더욱 가팔라집니다. 매년 1천 명 가까이 늘더니 2005년에는 1만 2천 명이 됐습니다. 12년 동안 인구는 불과 10% 늘었는데 자살자 수는 3배가 된 겁니다.

박명림 연세대 교수(정치학)에 따르면 한국의 자살률에서 중요하게 봐야 할 두 가지 지점이 있습니다. 하나는 지난 30년 동안 OECD 회원국들과 한국의 자살률 추이가 극단적으로 반대 경향을 보여 준다는 것입니다. 1988년에 한국의 자살률은 8.4명으로 당시 OECD 평균인 17.2명의 절반에 불과했습니다. 그러나 1997년에는 13위, 1998년에는 7위로 올라가다가 2003년에 1위를 차지한 이후에는 지금까지 20년 넘게 그 순위를 유지하고 있습니다. 문제는 이 기간 동안 다른 OECD 국가들의 자살률은 오히려 감소했다는 사실입니다. 이는 한국의 높은 자살률이 전 지구적인 추세나 인류사적 변화가 아니라 순전히 '한국적인' 일임을 의미합니다.

둘째는 자살률이 급격히 높아진 특정 시기가 있다는 것입니다. 한국의 자살률은 1997~1998년, 2001~2003년, 2008~2009년에 각각 크게 증가했습니다. 외환 위기, 카드 대란, 글로벌 금융 위기가 발생한 시기입니다. 이는 한국의 자살이 개인적·문화적 요인이 아니라 사회적·경제적 요인 때문에 일어난다는 것을 의미합니다. 한국 사람들이 다른 나라 사람들보다 많이 자살하는 것은 개인의 책임이 아니라 사회 구조적 원인과 이를 방기한 국가의 책임이라는 것입니다.

구체적으로 어떤 요인이 가장 치명적이었을까요? 가장 연관 관계가 높아 보이는 것은 '불평등'입니다. 한국의 불평등도는 1990년대 중반부터 급격히 높아집니다. 1994년에 한국의 1인당 국민소득GNI은 막 1만 달러를 넘어섰는데 지금은 3만 달러 수준입니다. 형식적으로는 3배나 잘살게 되었는데 자살자 수도 3배나 늘었습니다. 자살의 원인이 이렇게 구조적인 데에 있다면, 국가가 자살률과 관련해 신경 써야 할 부분도 구조적인 사회경제적 불평등을 줄이는 것이어야 할 겁니다.

한국의 자살률 추이가 저출생과도 관련이 있을까요? 2021년 대한신경과학회는 출생률 감소의 가장 큰 원인은 자살률 증가라는 연구 결과를 공개했습니다. 2023년 3월, 서울시자살예방센터장을 맡은 황순찬 인하대 교수도 대한우울자살예방학회에서 같은 내용을 발표하며 이렇게 말했습니다. '자살이 많은 나라는 아이를 낳지 않는다.' 과연 그렇습니다. 1992~2005년 자살자 수가 330% 늘어나는 사이 출생률은 1.76에서 1.08까지 떨어졌습니다.

한국의 자살률이 출생률과 관계가 있으리라는 점은 자살률 추이에서도 유추할 수 있습니다. 한국의 자살률이 OECD 부동의 1위이기는 하지만 구체적으로 보면 2011년의 자살률 31.7명, 자살자 수 1만 5906명을 정점으로 현재는 조금 줄어든 상태입니다(2013년 이후 현재까지 자살률은 26명대, 연간 자살자 수는 1만 3천 명 전후를 유지하고 있습니다. 물론 OECD 평균 12명대에 비교하면 2배 이상이지요). 그런데 전체적으로 자살이 조금 줄어들거나 안정화(?)된 것과 달리, 출산율과 직접적으로 관련 있는 10~30대의 자살률은 변함없이 지속적으로 증가하고 있습니다. 2017~2021년 동안 10대는 4.7명에서 7.1명으로, 20대는 16.4명에서 23.5명으로, 30대는 24.5명에서 27.3명으로 늘었습니다. 30대 이하에서 사망 원인 1위가 바로 자살입니다. 다들 알고 계셨나요? 이들 세대에서는 사망자 10명 중 4명이 자살자입니다.

자살의 원인도 다릅니다. 통계청 사회 조사 결과를 보면 10~30대의 주요 자살 충동 원인은 40대 이상과 차이가 많이 납니다. 40~50대에서는 경제적 어려움이 가장 큰 원인입니다. 그러나 10~30대에서는 우울감이 1위입니다. 10대에서 우울감(34.2%) 못지않은 요인이 성적과 진학 문제(30.8%)입니다. 20대에서 우울감(36.8%)에 이은 다음 요인은 직장 문제(22.9%)였습니다. 30대에서는 우울감, 경제적 어려움, 직장 문제 순으로 나타났습니다.

결국 이렇게 생각해 볼 수 있습니다. 전체 평균과 달리 출생률과 관련 있는 세대의 자살률은 지속적으로 늘고 있고 그 주요 원인은 지금 행복하지 않다는 것, 미래에 대한 희망도 없다는 것, 그리고 학업과 일자리를 둘러싼 경쟁 체제에 있습니다. 여기서 중요한 것은 한국의 교육 수준이나 경제 수준이 다른 나라보다 낮은 것이 아니라는 점입니다. 세계적으로 한국의 문맹률은 낮고 대학 진학률은 높으며 경제는 지속적으로 성장해 왔습니다. 그런데 바로 그 때문에 사람들은 죽어 가고, 경쟁 과정에서 극심한 스트레스를 받는 사람들은 결혼하거나 아이를 낳을 생각을 하지 않습니다.

산업화와 민주화의 성공이 불안을 불러오다

사회복지학자 윤홍식 인하대 교수는 현재 한국의 불행이 '성공의 딜레마'에 기인한다고 말합니다. 윤 교수는 1960~1970년대에는 국민소득이 2000달러만 되면 잘사는 나라, 행복한 나라가 될 줄 알았는데 국민소득이 3만 달러가 된 지금도 행복한 사회가 되지 못한 이 역설적 상황을 '성공의 덫'이라고 표현합니다. 우리는 무엇에 성공했을까요? 산업화와 민주화에 성공했습니다. 산업화의 초기 성공은 '선 성장-후 분배'의 선순환 속에서 낙수 효과를 가져왔지만, 이를 기반으로 한 1990년대 이후의 경제 발전은 기업 규모에 따른 임금 격차를 가속화했습니다. 민주화가 되었으니 더 평등해지는 사회가 되지 않았을까? 아니었습니다. 한국의 민주화는 신자유주의와 손잡았고, 복지는 안정적인 임금 노동자를 중심으로 한 역진적인 사회 보험 체제로 구축됐습니다. 간단히 말해 한국의 복지는 비정규직보다 정규직을 더 잘 보호하는 시스템입니다.

공적 복지의 공백은 사적 자산 축적의 욕구로 이어졌습니다. 바로 '부동산'입니다. 집이 있으면 노후가 안정되고, 집이 없으면 빈곤으로 빠지게 됩니다. 이렇게 사적 자산의 축적에 '올인'하는 사회는 계층 간 무한 경쟁과 불평등의 심화를 피할 수 없습니다. 어렸을 때는 사교육을 통해 경쟁하고 커서는 부동산을 쟁취하기 위해 삽니다. 이렇게 산업화와 민주화는 대한민국의 성공을 가져왔지만 국민에게는 불안을 안겨 줬습니다. 이것이 최장집 고려대 명예교수가 저서 《민주화 이후의 민주주의》에서, 사회가 질적으로 더 나빠졌다고 말한 것의 실체입니다.

최상위권 대학과 좋은 일자리에 집중된 교육 서사

이런 세상에서 안정된 시민, 곧 남들이 보기에 좋은 일자리를 가진 시민의 비율은 얼마나 될까요? 황세원 '일인(in)연구소' 대표에 따르면, 청년 중에서 대기업 이상의 정규직이나 전문직에 취업할 확률은 10%가 채 되지 않습니다. 90% 이상은 그 밖의 일자리를 갖게 됩니다. 바로 여기가 교육과 일자리를 둘러싼 무한 경쟁의 변주가 시작되는 지점입니다.

최성수 연세대 교수(사회학)는《한겨레》인터뷰에서, 우리나라가 공부를 잘 시키는 것에 뛰어난 나라이며 부모 학력과 가족 배경에 따른 학업 성취도 편차도 나쁘지 않은 편이라고 말합니다. 문제는 서열화 경쟁입니다. 그것도 최상위권의 극히 일부를 지향한 경쟁이 교육 전체를 지나치게 과잉 대표하고 있습니다. 이 경쟁의 최종 목표는 10%가 안 되는 소수의 좋은 일자리입니다. 이 소수의 좋은 일자리를 가질 수 있는 경쟁에서 기회의 불평등이 존재한다는 것은 물론 중요한 문제입니다.

그러나 더 심각하게 생각해야 할 두 가지가 있습니다. 첫째, 80%가 넘는 대부분의 학생들, 여전히 절반이 넘는 비수도권 대학생들에게는 국가나 사회가 아예 관심을 갖지 않는다는 사실입니다. 대한민국의 교육 서사는 최상위권 대학과 소수의 좋은 일자리를 향한 경쟁에 집중되어 있고 대다수 국민의 삶과는 유리돼 있습니다. 둘째, 10%의 좋은 일자리와 그 밖의 일자리 사이에 너무 큰 불평등이 존재한다는 것, 그리고 처음 진입한 일자리의 조건이 그다음 일자리로의 변화를 강하게 제약한다는 것입니다. 한번 시험 잘 보고 한번 좋은 일자리에 들어가면 상당히 안정적인 삶을 갖게 되지만 그렇지 않은 대부분의 청년들에게는 두 번의 기회가 주어지지 않는 사회, 이런 곳에서 희망을 갖기란 실로 어려운 일이 아니겠습니까.

최 교수는 저출생이 교육을 통한 무한 경쟁과 연결되어 있다고 말합니다. "잘 사는 삶, 바람직한 삶, 번듯한 삶에 대한 내러티브와 개념이 있다. 좋은 대학 나와서 안정적이고 괜찮은 소득이 보장되는 직장에 취업해 자신과 비슷한 조건의 사람을 만나 결혼하는 식이다. 굉장히 엘리트 집단 지향적이다. 표준 자체가 너무 높은 내러티브다. 그 출발이 교육 시스템에 있다. 고등학교 때 공부를 못하거나 좋은 대학에 못 가면, 가족을 꾸려 아이를 낳고 키우는 여건이 안 된다고 생각하는 사회적인 내러티브와 연결된다. 여건이 안 되는 상태에서 결혼해 아이를 낳는다고 하면 책임 못 지는 결정을 한다는 식으로 비판받게 된다. 사실은 그렇지 않다. 실제 많은 청년이 어려운 여건 속에서도 가족을 번듯하게 꾸려 잘 살고 있는데도 그런 내러티브는 존재하지 않는다. 이런 게 저출생 현상을 고도로 밀어붙이는 압력을 제공하는 문화적 저변으로서 작용한다."

고도성장기에는 무한 경쟁이 불평등을 해소하고 정의도 실현하는 역할을 하는 것처럼 보였습니다. 농민의 자식이 정규직

노동자가 되고, 정규직 노동자의 딸이 전문직 종사자가 될 수 있었기 때문입니다. 이것은 경제 전체가 급속도로 성장하면서 사회 구조와 산업 생태계가 다양화되는 과정에서 일어난 현상입니다. 그런데 지금은 그렇지 않습니다. 한국의 계층 이동성이 과거에는 크고 지금은 낮은 이유는, 지금 아이들이 노력을 덜해서 그런 것이 아닙니다. 우리 자식들이 나태하고 공부를 못해서 성공하지 못하는 것이 아니라 고도성장이 더는 일어나지 않기 때문입니다. 과거와 같은 방식으로는 계층 이동이 일어나지 않는 것입니다. 그런데도 과거의 경쟁 모델을 지속한다면 결과는 비극일 수밖에 없습니다.

지금 대한민국은 다시는 과거와 같은 고도성장을 경험할 수 없을 겁니다. 그래서 과거에 통했던 시스템이 앞으로도 통할 것이라는 믿음을 이제는 버려야 합니다. 무한 경쟁이 아니라 모두가 행복한 삶을 위해 사회 전체의 시스템을 바꾸지 않으면 우리는 소멸을 막을 수 없습니다. 교육으로 따지자면 최상위권 대학, 인서울 4년제 대학에 집중된 관심과 지원을 수도권 밖 대학과 전문대학, 그리고 대학에 진학하지 않는 청년들에게 넓혀야 합니다. 특히 전문대학이 지방에 많고 전문대학 재학생 중 저소득층과 여학생이 많다는 사실은, 의과대학 정원을 몇 명으로 할 것인가보다 훨씬 중요합니다. 역진적 사회 보장을 누리게 되는 소수의 정규직 일자리가 아니라, 그 밖의 대부분을 차지하는 다른 일자리에서도 괜찮은 임금과 산업 안전, 보편적 공적 복지와 사회 안전망을 보장받을 수 있어야 합니다. 이 사회 개혁, 제도 개혁의 과정에서 일과 돌봄의 균형, 성별에 따른 불평등 문제도 고려되어야 저출생 문제에 대한 해답을 찾을 수 있습니다.

대한민국 모든 문제의 시작과 끝

지금 한국은 '자살의 나라'입니다. 그런데 국가적 차원에서 진지하게 자살을 말하는 정치인이나 정당은 찾아볼 수 없습니다. 간혹 저출생·고령화나 지역 소멸에 대응하는 정책이 제안되기는 합니다. 그러나 자살에 대한 이야기는 어디에도 없습니다. 자살은 단지 의료 분야에 한정된 정신 건강 차원의 문제가 아닙니다. 개인의 문제가 아니라 사회의 문제입니다. 지금 대한민국이 맞닥뜨린 모든 문제의 시작과 끝에 자살이 있습니다. 처음에는 개인의 자살이지만 마지막은 국가의 소멸이 될 것입니다.

지금도 매년 1만 3천 명 정도가 자살로 생을 마감합니다. 하루 평균 36명, 이 글을 읽는 동안에도 이 땅에서 36분마다 1명이 자살합니다. 이런 나라에서 누가 희망을 가질 수 있겠습니까? 자살률을 낮춰서 사회의 소멸을 막아 보겠다는 정치인과 정당은 과연 없는 걸까요?

정치가
소멸하면
나라도 소멸한다

6개월 전 〈한겨레〉에 연재를 시작했을 때 첫 글의 마지막은 이렇게 끝을 맺었습니다. "(지금 우리의 모습은) '희망 소멸 사회' 다. 저출생의 원인은 우리에게 희망이 없기 때문이다. 희망이 완전히 소멸한 사회는 어떤 모습일까? 아직 선거는 10개월이 나 남았다. 우리는 서서히 그러나 분명하게 그 실체를 보게 될 것이다."

해외에서 경고해야 비로소 반응하는 한국

참 불행히도, 첫 글의 마지막에 했던 예상이 빗나가지 않았 습니다. 대부분의 학자나 전문가들 중에서 이런 디스토피아적 예상을 한 다음, 이것이 현실로 나타나기를 바라는 사람은 거의 없을 것입니다. 정상적인 인간이라면 자기가 틀려서 욕을 먹어도 좋으니 그런 문제가 개선되기를 원하는 것이 당연합니다. 그러나 한국 사회는 지난 6개월 전에 비해 조금도 나아진 모습을 보여 주지 않았습니다.

그런데 2023년 11월 마지막 주에, 많은 언론이 미국 《뉴욕타임스》의 〈한국은 소멸하는가〉라는 칼럼을 호들갑스럽게 소개했습니다. 사실 지난 몇 년간 우리 사회의 정치·경제·언론 등 어느 분야에서도 '한국의 소멸'을 심각하게 고민하는 단위를 찾아보기가 어려웠습니다. 그러다가 외국의 언론과 학자가 한마디를 하면서 다 같이 선정적 보도에 나선 것이죠. 기시감이 있습니다. 1996년, 독일의 사회철학자 위르겐 하버마스가 한국을 방문했을 때 우리는 그에게 남북통일의 해결 방안을 물었습니다. 그는 당황했죠. 나온 답은 '나는 한국 상황을 잘 몰라서 별로 할 말이 없다'는 것이었습니다. 대한민국이 세계 10위권 나라가 됐다지만 한국의 정치와 언론, 학문계는 그때와 별로 달라진 것이 없습니다.

그나마 이런 외국 언론의 기사를 보도하는 행태라도 다행이라고 생각할 때가 있습니다. 어쨌거나 주의를 환기하고 문제만 해결되면 되는 것 아니겠습니까? 그러나 그뿐입니다. 다음 날이면 여전히 우리가 정치면에서 볼 수 있는 기사는 정치가 아닌 '가십'입니다. 이런 문제를 어떻게 해결할 것인가에 대한 진지한 문제 제기와 토론이 아니라 누구와 누가 싸웠다더라, 친하다더라, 어떤 자리는 누구에게 돌아갈 것이라더라 하는 이야기들 말입니다. 우리의 실로 중대한 문제에 대해 해외 유명 학자나 언론이 관심을 가졌지만 여기에 주목하는 일이 무의미한 것은, 실제로 그것이 문제 해결에 아무런 도움이 안 되기 때문입니다.

국내에서는 누군가 '한국의 소멸'에 대해 국가적 대처가 필요하다고 말해도 반응하는 곳이 거의 없습니다. 이런 문제를 제기해도, 정치적 책임 공방이나 예산 나누기의 문제로(잼버리 사태를 보라), 단지 정치적 승부수나 부처 확대의 속셈으로(출입국·이민관리청 논란을 보라), 선거용 이슈로(김포시 서울 편입 문제를 보라) 기화되어 사라질 뿐입니다.

소멸을 대하는 한국 사회의 태도와 영화 〈돈 룩 업Don't Look Up〉의 상황은 정말 놀랍도록 닮았습니다. 〈돈 룩 업〉에서 천문학자들은 지구로 향하는 혜성을 발견하고 항공우주국 나사에 알립니다. 그러나 대통령은 총선과 대법관 지명 문제에 정신이 팔려 이들의 말에 신경 쓰지 않지요. 학자들은 예능 프로그램에 출연해 이목을 끌어서라도 이 사실을 알리려고 합니다. 하지만 언론은 시청률에만 신경을 쓰고, 오히려 천문학자들의 예능감이 도마 위에 오릅니다. 선거가 어려워진 대통령이 이들을 다시 불러서 지구를 구하겠다는 발표를 하지만 이 계획은 갑자기 취소됩니다. 중국이 독점하고 있는 희토류가 혜성에 있으

압축 소멸 사회

니 파괴하지 말고 개발하자는 어이없는 주장에 대통령이 동조했기 때문입니다. 어차피 지구가 위기에 처했다는 현실 인식도 없고 다만 선거에서 좀 인기를 얻어 보자는 심산이었으니 이런 어처구니없는 결론을 내리고 만 것이죠. 국민은 현실을 직시하고 하늘을 보자는 '룩 업'파와, 유언비어에 속을 필요 없다는 '돈 룩 업'파로 분열되고 이들은 시위를 벌이며 서로 싸웁니다. 결국 지구는 종말을 맞게 됩니다.

한국판 〈돈 룩 업〉은 착실히 진행 중

대한민국이 소멸하고 있습니다. 국내 전문가들이 이를 경고하지만 선거에만 정신이 팔린 정치권은 거들떠보지도 않습니다. 여야의 공방 어디에서도 소멸하는 대한민국을 구하자는 내용의 토론은 없습니다. 소멸을 진지하게 이야기하는 것은 아무 짝에도 쓸모가 없습니다. 시청률도, 조회 수도 안 나오기 때문입니다. 소멸에 대해 자극적으로 말하는 외국의 유명한 연사들을 데려와야 언론은 겨우 몇 줄을 쓸 뿐입니다. 사람들의 기억에 남는 것은 '한국 망했어요!'라며 머리를 감싸 쥐는 사진이나, '흑사병도 없는데 한국은 왜 소멸하나' 같은 문구뿐입니다.

인터넷 댓글 중에서 소멸에 대한 이야기에 귀 기울여야 한다는 사람은 가뭄에 콩 나듯 합니다. 상당수는 '전 정부 때는 아무 말도 안 하다가 윤석열 정부가 들어서니 나라 망한다고 주장하는 빨갱이들 짓'이라는 댓글입니다. 대통령이 지방시대위원회에서 발표하는 날, 여당은 서울을 더 키우자고 말하고, 균형 발전을 강령으로 가진 야당은 눈치만 보면서 어쩔 줄 모릅니다. 이것이 선거를 앞둔 대한민국 정치의 현실입니다.

여야는 인기가 있는 감세에는 함께 동조하고 그 결과로 임대 주택 예산을 깎습니다. 이 임대 주택에 들어갈 수 있는 사람들은 지난여름에 반지하에서 수해로 고통을 받았던 그 국민입니다. 또 수해가 나면 여야 정치인들은 물이 들어오는 반지하방 앞에 가서 서로 국민을 위로하는 척하겠지요. 여름에는 대책을 마련하겠다며 사진을 찍고, 겨울에는 그들을 위한 예산을 깎는 철면피들입니다.

합계출산율이 극단적으로 낮아지는 상황에서도 정부·여당이 아무것도 안 하는 사이, 장관인지 정치인인지 알 수 없는 법무부의 수장 한동훈 장관은 이민청을 법무부 산하에 신설하고 동남아시아에서 임금이 싼 아이 돌보미를 수입하자고 합니다. 실제 필리핀 돌보미를 고용할 수 있는 사람이 얼마나 되겠습니까? 이렇게 이민자 고용 문턱을 낮추고, 나중에는 외국인에 대한 최저 임금 기준을 무너뜨리고, 그러면서 이민자들에 대한 인권은 존중하지 않고, 임시적으로만 머물게 하면서 사실상 지방에만 거주하게 하면 좋겠다는, 강남 보수 지지층의 입맛에만 맞는 이야기는 아닌가요? 한편으로는 외국인 정책을 고용노동부, 행정안전부가 아니라 법무부가 총괄하겠다는 야심 찬 계획

압축 소멸 사회

이기도 합니다. 야당은 이에 대해 별 대책도, 관심도 없습니다. 잠시 정치적 공세를 할 뿐입니다. 사실 지난 몇 년 동안 민주당의 종합적인 저출산 대책은 그 누구에게도 들어 보지 못한 것 같습니다. 한국의 정치인들에게는 실제로 저출생 문제, 대한민국이 망하는 문제는 별로 중요하지 않은 것 같습니다.

정치 소멸이란 무엇인가

그렇습니다. 문제는 정치에 있습니다. 대한민국이 소멸하고 있다면 그것을 해결해야 할 책임은 다른 어디에도 아닌 정치에 있습니다. 그러나 지금 한국의 정치는 이 문제와 관련해 어떤 역할도 못 하고 있습니다. 왜 그렇게 되었는지에 대해서는 좀 따져 보아야 합니다. 정치인들 개개인이 문제이거나, 정당 정치가 퇴보했거나, 대통령제 같은 권력 구조가 문제거나, 선거제도의 한계 때문일 수 있습니다. 그러나 일단 이런 문제에 대해 논의하려는 진지한 시도조차 보이지 않습니다. 요컨대 국가와 국민의 문제를 해결하려는 진짜 정치인, 진짜 정치가 전혀 보이지 않습니다. 그래서 분명하게 말할 수 있는 점은, 대한민국이 소멸하게 된다면 그 이유는 먼저 정치가 소멸했기 때문이라는 것입니다.

저는 지금 '정치가 소멸하고 있다'고 말하고 있습니다. 그렇다면 일단 정치란 무엇인지부터 정의해야겠지요. 정치에 대해서는 수많은 정의가 있지만, 그중 다음 네 가지가 대표적입니다. ①통치 기술로서 정치, ②공적 업무로서 정치, ③권력으로서 정치, ④타협과 합의로서 정치.

첫 번째는 현대 정치에서 가장 널리 알려진 것으로 '가치의 권위적 배분'이라는 국가의 역할과 관계가 있습니다. 둘째, 공적 업무로서 정치는 아리스토텔레스의 공사 구분에서 출발합니다. 여기서 공적 영역의 사안들을 결정하는 정치적 과정은 모든 시민의 참여로 만들어지는 권리이자 의무입니다. 셋째, 권력으로서 정치는 인간사 모든 곳에 정치가 존재한다고 봅니다. 이 정의에 따르면 모든 인간관계는 본질적으로 지배-피지배라는 권력관계로 구성됩니다. 넷째, 타협과 합의로서 정치는 그것이 적용되는 영역이나 주체보다는 통치나 권력이 작동하는 과정에 초점을 맞춥니다. 정치란 가능성의 기예이며, 인간 사회에서 필연적으로 생기는 갈등을 폭력이나 강압이 아니라 조정과 합의로 해결하는 유일한 방법이라는 것입니다.

이 네 가지의 관점 외에도, 복잡해진 현대 정치에서 우리가 정치에 기대하는 점도 있을 것입니다. 바로 '국정 운영 능력'입니다. 현대 정치에서 실제로 정치인들이 하는 일, 국민들이 정치인들에게 바라는 일이 무엇인지를 연구한 미국의 정치학자 스콧 애들러Scott Adler와 존 윌커슨John Wilkerson은 정치의 역할이 '사회 문제를 실제로 해결하는 것'이라고 봤습니다. 이런 다양한 정의들을 종합해 보면 정치는 국가의 통치가 작동하는 것이고, 시민들의 참여를 기반으로 하되, 권력관계 속에서 다양한 주체들이 경쟁과 협력으로 문제를 해결해 나가는 과정입니다.

단순히 통치의 문제가 아닌 까닭

그런데 정치의 정의와 달리 '정치'의 소멸을 생각할 때 하나 유념할 점은, 이것이 '정부'의 부재나 무능과는 다른 범주라는 것입니다. 정부란 말 그대로 행정부를 의미합니다. 이태원 참사 같은 끔찍한 재앙, 잼버리 운영 부실이나 엑스포 유치 과정에서 나타난 행정력은 정부의 능력을 보여 주는 부분입니다. 정책적으로는 외교 노선에 대한 논란, 한반도 안보 긴장의 고조, 기후 위기 대응에 대한 적극성 결여로 기업들의 국제 경쟁력이 손실되고 일자리가 사라지는 것, 연구 개발(R&D) 예산 감축으로 국가의 미래 경쟁력을 포기하는 것, 그리고 당면한 경제 침체에 대해 '상저하고上低下高(상반기에는 경제가 어렵지만 하반기에는 회복될 것이라는 전망)' 같은 근거 없는 말로 면피하거나 '부자 감세'를 앞세우며 재정 투자를 축소함으로써 내수 경기 활성화에 손 놓는 것 등으로 확인될 수 있습니다. 이러한 정부의 부재는 정치 부재의 한 결과일 수도 있습니다. 그러나 정부 부재 자체가 곧 정치의 부재는 아닙니다. 정치란 기본적으로 행정부와 입법부, 곧 정부와 국회 사이에서 일어나는 것이고, 우리 헌법에서 명시하고 있듯이 정당 정치에서 정치 세력 간의 경쟁과 협력으로 일어나는 일입니다.

자, 이제 우리는 '정치'와 그것의 '소멸'에 대해 어느 정도 이야기할 준비가 된 것 같네요. 정부의 역할에 해당하는 통치를 포함해 정치를 정의한다면 '국가가 당면하거나 미래에 준비해야 할 주요한 일에 대해, 문제 해결의 비전과 방식을 달리하는 정치적 세력 간에 일어나는 경쟁과 협력'이라고 할 수 있습니다. 그러므로 정치의 소멸은 다음 세 가지 중 하나일 것입니다. 누구도 국가의 미래에 대한 비전을 갖고 있지 않은 경우, 경쟁해야 할 정당들 사이에서 문제 해결의 비전이나 방식에서 별 차이가 없는 경우, 그리고 정치적 주체들이 권력 투쟁에만 매몰되어 제대로 된 정책 경쟁이나 협력이 일어나지 않는 경우 말입니다.

누군가는 이렇게 말할 수도 있겠지요. 대한민국이 소멸하는 이유는 '윤석열 정부와 국민의힘이 비민주적 검찰 독재로 야당을 탄압하고 무능과 무책임으로 국정을 방기하기 때문이다'. 그렇습니다. 정부가 무능하거나 국가적 어젠다agenda를 해결하지 못한다면 그것은 정치에서 한 세력이 형편없이 국가를 운영한다는 뜻입니다. 그런데 그런 상황이라면 응당 국민의 지지가 다른 세력 쪽으로 압도적으로 기울어야 하지 않겠습니까?

그런데 지금 우리의 상황은 어떤가요? 대통령의 국정 지지율이 형편없다는 것, 국민의 압도적 다수가 대통령을 신뢰하지 못한다는 것은 누구나 압니다. 그렇다면 야당이 정당 지지율에서 여당을 압도적으로 이기고 있어야 합니다. 사실 정당 정치에서 대통령을 꼼짝 못하게 할 힘은 거기서 나옵니다. 그런데 그러질 못하고 있습니다. 이 사실은 한국에서 정치의 실패, 정치의 소멸이 단순히 대통령이나 어느 한 정치 세력의 전적인 책임이 아닐 수 있다는 사실을 말해 줍니다. 적어도 국민들은 그렇게 생각하지 않는 것 같습니다. 대통령은 싫지만 그 대안이 될 만한 세력이 누구인지 아직 모르겠다는 뜻입니다. 달리 말해, 소멸해 가고 있는 정치를 다시 살릴 수 있는 대안은 아직 보이지 않습니다.

2부

절망을 부추기는 사회,
위기를 방치하는 정치

안전도,
희망도 없는
아수라의 세계

2023년 7월, 서울 신림역 인근에서 30대 초반 남성이 무작위로 칼을 휘둘렀습니다. 한 청년이 무참하게 목숨을 잃었고 3명이 부상을 입었습니다. 같은 해 8월의 어느 퇴근 시간, 경기도 성남 분당구 서현역에서 20대 남성이 자동차로 사람들에게 돌진했습니다. 차가 멈추자 곧이어 흉기를 들고 내려서 시민들을 무차별로 공격했습니다. 13명이 다쳤고 1명이 숨졌습니다.

적어도 치안만은 다른 나라보다 월등히 낫다고 여기던 시민들은 두려움을 느끼기 시작했습니다. 경찰은 이를 '테러'로 규정하고 '특별 치안 활동'을 시작했습니다. 소총을 멘 경찰 특공대와 장갑차들이 지하철역과 대로변에 나타났지요. 그런데 총을 든 경찰이 거리를 활보하면 시민들은 더 안전하다고 느낄까요? 경찰은 대규모 수사 전담팀을 만들어 대처할 것이라고 밝혔습니다. 그러니 이제 우리는 마음을 놓아도 될까?

사고를 막을 수 있는 방법은 무엇인가

이런 일이 처음은 아니었습니다. 과거에는 더 끔찍한 사건도 적지 않았지요. '지존파'를 아십니까? 1993년부터 연쇄 살인을 저지른 지존파는 성폭행과 살인을 마치 아무 일도 아닌 것처럼 무차별로 자행했습니다. 무작위로 정해진 평범한 시민들, 그리고 죄책감에 시달리던 10대 조직원까지 실로 잔혹하게 살해했습니다. 불과 2년여 뒤인 1996년에 나타난 '막가파'는 지존파를 모방했고 여러 건의 강도, 납치, 살인을 저질렀습니다. 그리고 1999년에는 '영웅파'가 나타났습니다. 이들은 더 잔인한 방식으로 조직원을 죽이고 주검을 없앴습니다. 이 엄청난 폭력의 가해자들은 '돈 있는 놈들을 죽이고 싶었다'는 식으로 변명했습니다. 그들이 저지른 엽기적이고 비인간적인 범죄의 핑계로는 도저히 용납될 수 없는 논리였습니다.

'가해자에게 스토리를 부여해서는 안 된다'는 원칙이 있습니다. 가해자에게 서사를 부여하는 것은 범죄 행위를 용인하거나 심지어 미화하도록 하고 피해자에게는 말할 수 없는 고통을 줄 수 있기 때문입니다. 이런 원칙을 세우는 이유는 사건을 객관적으로 이해하고, 정의를 바로 세우며, 다음의 모방 범죄를 막

압축 소멸 사회

기 위해서입니다. 그런데 우리는 이 원칙을 구실로 사실은 더 쉽고 나쁜 선택을 해 왔습니다. 가해자를 단순히 '악마화'하는 것입니다. 도저히 납득되지 않는 범죄의 경우 개인에게서 사건의 원인을 찾는 것은 범죄자 검거를 목적으로 하는 수사에서 매우 중요한 일입니다. 그래서 우리 수사 기관에는 프로파일러라는 전문가들이 있기도 합니다.

그러나 범인을 검거하는 것만으로는 이런 문제에 대처하기에 충분하지 않습니다. 사회적으로 범죄를 예방하고 사후 대책을 마련하기에는 턱없이 부족한 것입니다. 대중은, 범인을 잡고 그들이 어떤 일을 벌였으며 어떤 삶을 살아왔는지에 대해 많은 관심을 기울이지만, 이런 범죄를 근본적으로 예방하거나 줄이는 방법에 대해서는 큰 관심을 갖지 않는 편입니다. 그래서 정부나 국회에서도 이런 일에 열중하는 사람을 찾기란 어렵습니다. 이런 일에는 시간이 걸리고 대책은 복잡하며 정답을 찾기가 쉽지 않기 때문입니다. 그러나 그렇다고 해서 근본적 대책을 세우는 일이 불필요하다고 생각하는 사람은 없을 것입니다.

불이 났을 때를 대비해 소방서와 소방관이 필요합니다. 그렇다고 그것만으로 화재 예방이 되지는 않습니다. 홍수를 막기 위해서는 제방을 쌓아야 하지만 그렇게 해서 기후 위기를 막을 수는 없습니다. 심지어 이 세상의 모든 일을 감사와 수사로 나쁜 놈을 잡으면 해결된다고 생각하는 사람들이 있다면, 그들에게 정부를 맡길 수는 없을 것입니다.

영아 살해의 성별 비율 차이가 갖는 의미

2017년,《한겨레》에 첫 칼럼을 썼습니다. 제목은 〈악마의 탓만은 아니다〉. 내용은 이렇게 시작합니다. "박현준. 2014년 5월 29일생. 엄마는 19살, 아빠는 20살. 이듬해 부모는 헤어졌다. 2017년 7월 12일, 9개월간 외할머니가 키우던 현준이를 재혼한 친부가 데려갔다. 얼마 후 현준이는 '경추압박질식사'로 숨졌다. 목이 졸려 죽은 것이다. 어쩌다 3살 아이가 스스로 목이 졸려 죽은 것일까? 부모는 현준이의 목에 개 목줄을 채워 침대에 묶어 놓았다. 숨질 당시 현준이의 몸무게는 돌을 갓 지난 10킬로그램 수준이었고, 음식과 물을 먹지 못해 항문이 괴사하고 내장이 내려앉은 상황이었다. 아이의 마지막을 생각해 본다. 굶주림과 목마름 때문에 어차피 목숨이 한계에 다다른 아이는 목이 졸려 오는 것도 아랑곳하지 않고 발버둥 쳤을 것이다. 현준이의 외할머니는 '악마에게 15년형이라니'라며 절규했다. 그러나 세상 어디에도 악마는 있다. 악마에게서 아이들을 보호할 책임은 누구에게 있는가?"

저는 이 글에서 아동 학대에 대해 국가와 사회가 책임을 느끼지 않고 다만 개인들을 악마화하는 것으로는 아무런 문제도 해결되지 않을 것이라 말하고 싶었습니다. 그로부터 6년이 지난 지금, 우리는 얼마나 변했을까요?

2023년 7월 초, 흉기 난동 사건이 있기 직전에 우리 국회는 영아 살해에 대한 법정 최고형을 사형으로 높이는 개정안을 통과시켰고, 2024년 2월 9일부로 영아살해죄(형법 251조)가 폐지되었습니다. 지금은 영아 살해라는 법적 개념이 없어져서 일반 살인죄(형법 250조)가 적용되어 사형, 무기징역 또는 5년 이상의 징역형을 받게 됩니다. 영아 살해 사건이 논란이 되자 문제의 해결책으로 형량을 올리는 방법을 선택한 것입니다. '엄벌주의'지요. 화가 난 대중들이 원하고, 포퓰리스트 정치인들이 선동하고, 검사들이 선호하는 방법입니다. 문제의 원인을 처벌의 강약으로 환원시키고 범죄자 개인을 악마화하는 것으로 사회는 책임을 다했다고 여기는 것입니다.

사실 우리 법체계처럼 살인에 대한 처벌이 3단계로 나뉘어 있는 것은 전 세계적으로도 매우 드물었습니다. 그전까지 우리 법은 영아 살해를 징역 10년 이하로 약하게 처벌했습니다. 실제로는 훨씬 가벼운 형이 선고되곤 했지요. 일반 살인죄 위로는 세계에서 유일하게 존속 살인을 가중 처벌하는 법(형법 251조 3항)이 있습니다. "자기 또는 배우자의 직계 존속을 살해한 자는 사형, 무기 또는 7년 이상의 징역에 처한다." 여기서 직계 존속이란 부모와 친가 및 외가의 조부모 등을 말합니다. 그러니까 그동안 우리는 살인을 아래로는 가볍게 처벌하고 위로는 무겁게 처벌해 왔던 것입니다. 물론 다른 나라가 그렇게 하지 않는다고 잘못이라 할 수는 없습니다. 여기에는 천재지변에 취약하고 생산력이 낮은 농경 사회의 어려움, 오랫동안 유교적 전통과 문화 속에서 살아온 예외성이 고려되어야 합니다.

그렇다면 말입니다, 아동 학대와 영아 살해에 대해서도 이런 역사적·문화적 고찰과 사회적 현상으로서의 분석을 토대로 대응책을 찾을 수는 없을까요? 현대적 현상으로서 영아 살해의 원인을 우리는 어디에서 찾아야 할까요?

통계를 보면 2013~2021년 9년 동안 영아 살해 피의자 86명 중 10대와 20대가 78%(67명)였습니다. 20대가 44%(38명)였고 20살 이하도 34%(29명)나 됐습니다. 영아 유기 피의자 중에서도 20대가 39%, 20살 이하가 20%를 차지했습니다. 놀라운 것은 성별입니다. 여성이 291명, 남성이 70명이었습니다. 아이는 분명히 두 성별이 함께 만들었을 텐데 아이를 유기한 피의자는 압도적으로 여성이 많았습니다. 이 통계는 무엇을 말하고 있는 걸까요? 여성들에게 무슨 영아 살해 유전자라도 더 많이 존재하는 것일까요? 그럴 리는 없지 않겠습니까?

생각해 봅시다. 청년들이 우발적으로 아이를 갖게 된 상황에서 육아의 책임이 여성에게만 전가되었을 가능성이 높아 보입니다. 그것은 두 사람의 관계와 여성의 아이 보호 본능에서 비롯될 수도 있지만, 한 사회의 문화적 요인이나 제도적 조건과도 관련이 있을 것입니다. 어린 엄마에게 육아가 전담된 불안정한 상황, 그것을 도울 수 있는 문화적 인식이나 복지 제도가

압축 소멸 사회

불충분한 상황에서 영아들이 살해·유기된다고 생각하면 지나친 것일까요? 그리고 이 문제는 처벌을 세게 하면 해결될까요?

필요한 대책은 무엇일까요? 10대의 성교육을 강화하고, 문화적·제도적으로 어떤 상황에 있는 영유아에게라도 충분한 육아 지원이 되도록 사회를 변화시키는 것이 상식적이지 않을까요? 그러나 우리는 대신 영아 살해의 모든 책임을 개인에게 돌리고 형벌을 강화하는 방법을 선택했습니다. 대중이 열광하는 방식으로 가장 열악한 환경에 처한 사람들에게 책임을 전가하고 슬쩍 눈을 감은 것입니다. 끔찍한 위선이지요.

영아 살해에 대한 우리의 대응은 아동 학대에 대한 과거의 대응에서 한 발짝도 진전되지 못한 것 같습니다. 아동 학대에 대해 구조적 원인을 규명하기보다는 학대하는 자들을 악마화하는 것으로 해결하려던 사회가, 영아 살해에 대해서도 처벌이 약해서 그렇다는 식으로 대응한 것은 어찌 보면 당연합니다. 그러나 비통한 일입니다.

다들 저출산이 문제라고 합니다. 그런 상황에서 지난 몇 년 동안 우리 사회가 아동 학대와 영아 살해에 대해 대응한 방식을 보면, 저는 대한민국이 이 문제를 해결할 의지가 있는지 의심스러울 때가 많습니다. 아동 학대와 영어 살해에 이렇게 대응하는 사회와 정부가 여전히 저출산 대책으로 단체 미팅을 주선하고 있는 모습은 어쩌면 자연스러워 보이기도 합니다. 그러나 끔찍한 일입니다. 이 공동체는 과연 소멸을 피할 수 있을까요?

'그놈 구조를 잡아라'와 '구조적 불평등은 없다'

한때 '구조'란 말이 유행했습니다. 오죽하면 이런 우스갯소리도 있었습니다. 일이 뭔가 잘못됐는데 위에서 누가 잘못했느냐고 물으니 사회의 '구조'가 문제라고 답했다고 합니다. 그러자 윗분이 '당장 그 구조란 놈을 잡아 오라'고 했다는 것입니다. 아마도 이 세상의 일은 잘못한 놈을 잡아내면 해결된다고 생각하는, 세상일이라는 게 그렇게 단순하다고 여기는 부류의 사람들이 했을 법한 이야기입니다. 그래도 그때는 '구조적 원인'을 파악하고 '구조적 대안'을 내어 놓으려는 사람들이 제법 있었습니다.

그런데 어느 날부터 '구조'라는 말이 들리지 않습니다. 이유는 여러 가지일 겁니다. 그 말이 이미 상식으로 자리를 잡아서 더는 쓰지 않아도 됐을지도 모릅니다. 또는 모든 책임을 구조 탓으로 돌리는 게 오히려 무책임을 방조하고 심지어 개인의 면책 수단으로 악용되는 사례가 나타나서일 수도 있습니다. 더 크게는 사회가 보수화되거나 자본주의적 능력주의가 심화되면서 사회적 성공과 실패에 개인에게 책임을 묻는 것이 하나의 지배 이데올로기로 강화됐을 수도 있습니다. 예컨대 내가 지금 살기 힘든 이유는 전적으로 내가 부동산과 주식과 코인을 사지 않았기 때문이라는 것입니다. '모든 게 내 책임'인 것입니다.

이런 풍조를 적극적으로 이용하는 정치인들은 '구조적 불평

압축 소멸 사회

등은 없다'는 식의 과감한 발언으로 인기를 얻기도 합니다. 이런 발언은 발화자의 지적 수준을 의심케 할 정도로 놀라워서, 방법론적 개인주의라는 말 같은 것은 감히 붙일 수도 없습니다. 그러나 한편으로 두려워해야 할 것은, 이것이 사회 전반에서 '각자도생'이라는 강력한 프레임으로 작동하는 일입니다. 이 프레임에 갇히면 우리는 정말로 중요한 문제는 아무것도 해결할 수 없게 됩니다. 이것은 '국가란 무엇인가'라는 질문이기도 합니다.

윤석열 정부의 대응 방법

시민에 대한 무차별적 폭력 행위가 발생하자 법무부는 '흉기 난동 전담팀'을 운영하겠다고 했습니다. 2023년 8월 4일 입장문에서 법무부 장관은 '가석방 없는 종신형'을 도입하겠다고 선언했습니다. 그는 이미 2023년 7월, 국회 상임위원회에서 '사회에서 용납할 수 없는 괴물의 경우 영원히 격리하는 방법이 필요하다고 생각한다'고 밝혔습니다. 이 법무부 장관은 지금 여당의 대표인 한동훈입니다. 아마 그는 한 사람의 검사로서 엄벌주의에 경도되었을 수 있습니다. 그러나 처벌의 효과가 사회에 미치는 영향에 대해 숙고한 검사라면 그렇지 않았을 것입니다. 그래도 그런 생각을 가진 사람이 검사에 그친다면 어쩔 수 없습니다.

그런데 그런 사람이 법무부 장관으로서 그런 입장을 공개적으로 천명한다면 이는 제법 심각한 일입니다. 구조적 대안을 고민해야 할 가장 중요한 위치에 있는 사람이 악마화와 엄벌주의로 문제를 해결하려고 드는 것이니까요. 그래도 그가 법을 다루는 부처의 장관 정도에 그친다면, 그리고 그 제한된 임기를 마치고 나서 물러난다면 그나마 다행입니다. 그런데 그런 사람이 정치에 뛰어든다면 이것은 전혀 다른 이야기입니다.

　당시 법무부 발표의 이틀 뒤인 8월 6일, 대한신경정신의학회는 정신 질환자의 치료·회복 시스템의 개선을 주장했습니다. 사회와 가족 제도가 변화하는 상황에서 중증 정신 질환의 무거운 부담을 계속 개인과 가족에게만 감당시키기는 어렵다고 본 것입니다. 이들은 보호 의무자 중심의 입원 제도를 폐지하고, 선진국에서 시행 중인 '사법 입원'이나 '정신 건강 심판원' 제도를 도입해 개인이 아닌 국가가 이 문제를 책임지는 방향으로 변화해야 한다고 주장했습니다. 곧이어 대한조현병학회는 정신 질환자의 입원 절차가 까다롭고, 특히 코로나19 팬데믹 이후 정신의학과의 병상 수가 급감하면서 많은 환자가 적정한 치료를 받지 못한다고 밝혔습니다. 정치인 한동훈은 지금은 생각이 좀 바뀌었을까요?

아수라의 세계

서울 서초구 서이초등학교 사건의 원인과 해결책은 무엇일까요? '학생에 대한 폭력은 교사의 잘못', '교사에 대한 인권 침해는 학생과 학부모의 잘못'이라는 식으로 접근하면 문제가 해결될까요? 그렇게 학생 인권과 교사 인권을 대립적으로 놓고 학생인권조례를 폐지하면 교사의 인권이 저절로 회복될 수 있을까요? 아니, 옳고 그름을 따지기 전에 과연 작동이나 할까요?

그런데 어떤 유튜버와 언론과 정치인과 검사들은 이런 프레임을 잘 활용합니다. 그래서 인기를 누리고 그렇게 세상은 점점 더 지옥이 되어 갑니다. 악마와 괴물이 더 많이 출현해야 그들의 뒤를 캐고 강하게 비난하고 단죄하고 정의의 사도를 자처하고 권력을 획득할 수 있으니까요. 이렇게 돈과 권력을 차지하는 것이 이들의 목표입니다. 그리고 대중은 그들을 추앙하곤 합니다. 진실은 조회 수 앞에 무릎을 꿇습니다.

다만 이 아수라의 세계에서 한 가지는 분명합니다. 이런 사회는 결코 지속될 수 없다는 것입니다.

5000만
전 국민이
서울에서 산다면

　'소멸'에 대해 이야기하고 있지만 '대한민국 소멸'이나 '희망 소멸' 같은 용어는 여전히 조금 낯선 말입니다. 자주 접하는 말이 아니지요. 그런데 소멸이라는 말이 이미 익숙하게 사용되는 경우가 있습니다. 바로 '지방 소멸'입니다. 그런데 요즘 저는 이 표현을 쓰기가 망설여질 때가 많습니다. 우리가 이 말에 벌써 많이 둔감해진 것은 아닌가 싶어서입니다.

　처음에는 일본에서 들어온 이 '지방 소멸'이라는 개념에 많은 사람들이 관심을 가졌습니다. 고향이 사라져 간다는 아쉬움과 더불어 경각심을 갖는 계기가 되기도 했습니다. 그런데 최근에는 많은 사람들이 '지방 소멸'이라는 표현을 접하면 공감·절실함·이해·안타까움이 아니라, 냉소·무기력·무관심·귀찮

음에 가까운 태도를 보여 줍니다. 뭔가 잘못되었거나 그것을 막아야 한다는 생각보다는, 별일 아니거나 어쩔 수 없다는 식의 반응인 셈이지요.

만약 기후 위기에 대해 누군가 '그것은 자연적 현상으로, 막을 수 없거나 혹은 막기에는 이미 늦었다'는 식의 태도를 보인다면 어떻겠습니까? 우리는 아마도 그래서는 안 된다고 생각할 것입니다. 그런데 왜 지방 소멸에 대해서는 이렇게 급격하게 관심이 줄어들거나 무기력해졌을까요? 저는 우리가 이미 '수도권'과 '비수도권'이라는 두 개의 나라에 살고 있기 때문이 아닌가 생각합니다. 분단이 오래 지속되다 보니 통일의 필요성을 적게 느끼는 것처럼 말이지요.

지방 대학이 문제라고요?

먼저 지방 소멸에 대해 우리가 말해야 하는 이유부터 말씀드리고 싶네요. 간단합니다. 대한민국의 소멸이나 젊은이들이 느끼는 희망 소멸의 많은 부분이 지방 소멸에서 출발하기 때문입니다. 지금 대한민국에서 많은 청년들은 서울로 가야 '기회'를 잡을 수 있습니다. 교육, 연애, 취업, 유행, 정보, 모든 것이 서울에 있습니다. 그런데 서울 살기가 팍팍하지요. 청년들이 계속 서울로 밀려들고 있으니 수요가 계속 생겨나고 이런 상황에서 주거비·생활비가 떨어질 리 만무한데 경쟁은 더 혹독해졌습니다. 겨우 숨이라도 돌릴라치면 결혼이나 아이는 언감생심 포기해야 하지요. 전국 합계출생률이 0.79일 때 서울은 0.59였 습니다.

지방에 좋은 일자리가 없는 것은 기업이 없기 때문입니다. 기업들이 지방에 오지 않는 이유는 지방에서 인재를 구하기 어 렵기 때문이라고 합니다. 이 말은 지방 대학들의 경쟁력이 약 하다는 뜻일 것입니다. 만약 그렇다고 한다면 이것은 지방의 교수들과 학생들이 열심히 하지 않아서일까요? 아니라고 생각 합니다. 정부와 언론은 경쟁력 비교를 통한 대학 평가를 말하 지만 다 거짓말입니다. 입학과 취업에서 낮은 평가를 받는 대 학을 삽으로 떠서 서울에 갖다 놓기만 해 보십시오, 어떻게 달 라지는지.

지방 대학의 경쟁력이 약하다면 그것은 그 대학 구성원들 의 책임이 아니라 그 대학이 그냥 지방에 있어서겠지요. 대학 이 벚꽃 피는 순서대로 망할 거라고 합니다. 이처럼 진실을 담 고 있는 말이 있을까요? 지금 대한민국의 대학 경쟁력은 그 대 학들이 뭘 어떻게 하느냐에 달려 있지 않습니다. 서울로부터의 거리가 모든 것을 결정하지요. 서울에 있는 대학들과 지방에 있는 대학들이 서로 자리만 바꿔 보면 어떻겠습니까? 잘난 척 하는 인서울과 수도권 대학들, 자신 있을까요? 이런 상황에서 경쟁력 없는 대학들은 스스로 자구노력을 해야 한다든지, 그렇 지 않은 대학들은 '객관적' 평가를 해서 퇴출하겠다든지 하는 말이 얼마나 우스운 것인지 모르겠습니다. 아마도 그런 구조조정 정책은 그냥 지방 소멸을 가속화시키는 것 이외에 다른 결과를 기대할 수 없을 겁니다.

학교는 때로 모든 것입니다. 지방의 초등학생 수가 줄어들 때 교육부는 소규모 학교들을 운영하는 것이 '비효율적'이라면서 통학 버스를 만들고 학교를 없앴습니다. 그렇게 한번 폐교된 마을에서는 아이 울음소리를 다시 듣기 어려워졌지요. 그래서 작은 학교들을 유지하는 쪽으로 방향을 바꿨을 때는 이미 많은 것이 늦은 뒤였습니다. 그런데 왜 대학에 대해 같은 실수를 반복하려는 걸까요. 그나마 지금 존재하는 대학들이야말로 지방이 다시 살아날 수 있는 마지막 불씨 같은 것인데 말입니다.

학령 인구가 줄어드는 데 대한 대책은 필요합니다. 그러나 그 대책이 지금 당장 입학률과 취업률이 떨어지는 대학들을 정리하는 것이라면 뭔가 잘못된 것입니다. 그런 대학들이 전국적으로 골고루 분포되어 있다면 그나마 설득력이 있을지 모릅니다. 그러나 그렇지 않다는 것을 모두가 알지 않습니까? 지방의 대학들부터 줄여 나가는 것은 아마도 가장 쉬운 선택일 텐데 그 결과는 지방 소멸을 앞당겨 엄청난 사회적·경제적 비용을 지불하는 것이 되겠지요. 교육부 입장에서는 그 예산과 비용은 자신들이 지출해야 하는 것이 아니니 별 상관이 없을지 모르겠습니다. 그러나 국가 전체를 생각한다면 그럴 수는 없지 않을까요?

특성화를 하라고요?

중앙은 늘 지방에 특성화를 하라고 합니다. 모든 것을 다 잘하려고 하지 말라는 겁니다. 하지만 삶의 질은 종합적입니다. 공장이나 관광지만 있는 곳에는 사람이 많이 살 수 없습니다. 귀촌·귀어를 말하지만 학교와 병원이 없는 곳에 아이와 노인은 살 수 없습니다. 그 가족도 당연히 못 삽니다. 학교는 규모의 이유로 없어지고, 병원은 의사를 구하지 못합니다. 중앙은 말합니다. '왜 서울과 경쟁하려 하세요? 지방이 잘할 수 있는 걸 하세요!' 그렇게 말하는 사람, 절대 지방에 와서 살지 않습니다. 서울에는 있는 뭔가가 여기에는 없어서 불편하다고, 못 살겠다고 합니다.

특성화만을 통한 균형 발전은 지속가능성이 없습니다. 산업 전환의 시대에 한두 가지 산업에 '몰빵'한 도시들이 어떻게 사라지고 있는지 우리는 많이 봤습니다. 마산과 군산, 태백 같은 곳을 보면 압니다. 산업은 변하고 공장은 이전하면 그만이지만, 그곳에 살고 있는 사람들이 모두 옮겨 갈 수는 없습니다. 도시는 버려지고 맙니다. 사람들의 삶도 그렇습니다.

특성화가 필요하지 않다는 말이 아닙니다. 그런 특성화를 뒷받침하고 변화에 적응하는 시간을 버틸 수 있는 기반이 필요합니다. 여기에는 당연히 규모의 문제가 뒤따릅니다. 모든 도시가 그렇게 큰 규모를 가질 수는 없습니다. 그렇다면 삶을 구성

압축 소멸 사회

하고 도시가 발전·유지되는 데 필요한 부분을 어떻게 보완할 수 있을까요? 하나의 도시에서 다 채워지지 않는 다른 필수 요소들을 제공할 수 있는 주변 도시와의 연계성이 중요합니다.

수도권의 경쟁력은 네트워크에서 나옵니다. 사람과 정보가 모이고 빠르게 유통됩니다. 이는 전철 때문에 가능합니다. 휴전선 앞에서 충남 천안까지, 인천 앞바다에서 강원도 춘천까지 전철이 갑니다. 이 광범위한 대중교통망을 통해 수도권의 사람들과 기업들은 필요한 모든 것을 얻을 수 있습니다.

그 수도권 전철망의 근간은 국비로 지어졌습니다. 처음에는 도시를 따라 전철이 놓이던 것이, 나중에는 전철을 따라 도시가 형성됐습니다. 이제 수도권광역급행철도GTX까지 국비로 지으려 합니다. 그러면 또 수도권의 집값이 그 라인을 따라 오를 것입니다. 아니, 이미 시작되었습니다. 그런데 지방에서는 이미 있는 철로에 기차만 놓으려 해도 돈이 없습니다. 국비 지원은 수요가 없어서 안 됩니다. 예타(예비 타당성 조사)라는 통곡의 벽을 넘을 수 없습니다. 인구가 많은 곳에는 뭘 해도 다 타당성이 높게 나옵니다. 인구가 적은 곳에서는 아무것도 할 수 없습니다. 부익부 빈익빈의 합리적 시스템입니다.

인천공항도 활주로 확장 중

제25회 세계 스카우트 잼버리가 끝나고 사람들이 중앙 정부와 전라북도 중 하나를 비난하기 시작했을 때 사회학자 조형근이 용기 있는 글을 썼습니다. "갯벌을 지키자는 주장이 서울 중산층의 배부른 낭만처럼 들린다는 것이었다. 충격이었다. 수도권 사는 이익은 다 누리면서, 지방에 대해 남 일 보듯 이야기해서는 안 된다. 새만금에 돌을 던지기는 쉽다. 나도 던졌다. 자기도 맞을 각오를 해야 한다."(《한겨레》 2023년 8월 9일 자) 그래서 저도 좀 더 용기를 내보려 합니다. 지방 공항 이야기를 하려는 것이지요.

지방 공항은 정말 동네북입니다. 지방의 허욕을 비판할 때 공항처럼 좋은 것이 없습니다. 진보는 환경 파괴를, 보수는 수익성을 따집니다. 이번 잼버리가 끝나자 제일 먼저 두들겨 맞은 것도 새만금 공항 추진론입니다. 정부는 2024년 예산을 5000억 원 삭감했고 사실상 관련 사업의 전면 재검토에 들어갔습니다. 부산·경남의 가덕도 신공항은 어떻습니까? 외형을 보면 비슷합니다. 새만금이 이미 천혜의 갯벌을 없앴다면 가덕도는 섬을 없앨 판입니다. 새만금에 돌을 던질 수 없다는 사람들도 가덕도에 대한 돌팔매를 재고할 생각은 없는 것 같습니다.

2021년, 경기도 고양시 갑이 지역구인 정의당 심상정 의원은 "신공항이 지어지고 이용이 활성화되면 항공 부문 탄소 배출량은 추가로 1.5배 늘어날 것으로 추산된다. 신공항들이 2050년 탄소 중립 비전의 적이 되지 않으려면 공항에서 고추를 말리는 방법밖에 없다"고 지적했습니다. 맞는 말입니다. 그런데 신공항을 안 지으면 탄소 배출량은 늘어나지 않을까요? 아닙니다. 수도권 사람들이 '모르는 비밀'을 말하자면 지방에 신공항을 안 지어도 항공 부문의 탄소 배출량은 어마어마하게 늘어나는 중입니다.

인천공항은 현재 3본의 활주로를 가졌으며 네 번째 활주로를 만들고 있습니다. 네 번째 활주로 공사가 끝나면 곧바로 다섯 번째 활주로 공사가 시작됩니다. 바로 2017년부터 시작된 제2여객터미널 확장, 제4활주로 건설 등을 골자로 하는 4단계 건설 사업입니다. 7년간 4조 8000억 원을 투자해 2024년 말에 완료한다는 목표를 가지고 있지요. 이 사업이 완료되면 인천공항의 연간 여객 수용 능력은 7700만 명에서 1억 600만 명으로 증가하게 되며 세계 최초로 국제 여객 5000만 명 이상이 수용 가능한 여객 터미널을 2개 보유하게 됩니다.

이런 소식을 들으면 우리는 탄소 배출을 걱정하기는커녕 가슴이 웅장해집니다. 가덕도 신공항은 탄소 배출의 주범이자 지구의 적이지만 인천공항은 아니기 때문입니다. 둘 중 어디가 탄소 배출을 더 많이 할지는 물어보나 마나입니다. 그렇다면 진보적 정치인들과 기후 관련 활동가들이 분기탱천해 인천공항 출국장에서 농성이라도 해야 할 것 같지만 그런 일은 일어나지 않습니다. 여기는 '서울'이기 때문이지요. 서울 사람들이 이용하는 공항에 기후 위기나 탄소 중립 같은 것을 따져서는 안 됩니다.

그러면 지방은요? 쉬운 답변이 있습니다. '시골에는 수요가 없다'는 것입니다. 그런가요? 가덕도 신공항은 사실 부산 엑스포 신규 수요와는 별 관련이 없습니다. 김해공항 자체가 포화된 지 오래이기 때문입니다. 생각해 봅시다. 수도권 사람들이 그렇게 해외에 많이 나가는데, 지방에 있는 국민들은 시골 사람이라서 외국을 안 가겠습니까? 코로나19 이전까지 김해공항은 해마다 1000억 원 이상의 흑자를 기록해 김포공항(670억원)과 제주공항(730억 원)을 뛰어넘는, 가성비가 가장 높은 공항이었습니다. 이용객 수가 기존 예상치를 한참 넘어섰고, 국제선 탑승자용 줄이 공항 밖까지 늘어서는 광경도 흔히 볼 수 있었습니다. 하지만 서울에서는 간단한 자료조차 찾아볼 생각도 없이 진보, 보수 모두 확신에 차서 '고추 타령'을 하고 있었습니다.

'시골 사람들'이 인천까지 오는 수고를 좀 하면 되지 않느냐고요? 그럴 수도 있습니다. 그런데 공짜가 아닙니다. 서울 사람들은 전철 타고 인천공항에 가지만 시골 사람들은 그러지 못합니다. 한 해 동남권 국민 약 500만 명이 인천공항을 이용하는데 이동 비용은 연간 7000억 원입니다. 이 돈을 누가 대신 내주지 않습니다. 서울 사람들은 싸고 편리하게, 시골 사람들은 불편하고 비싸게 가는 것입니다. 물론 2등 국민이니 어쩔 수 없기는 합니다.

압축 소멸 사회

사실 김해공항 확장이 아니라 신공항이 필요한 논리는 다른 데 있습니다. 여객기만 타는 사람들은 인천공항이 밤에는 노는 줄 알지만 활주로에선 화물기가 끊임없이 뜹니다. 덕분에 우리가 먹고사는 것입니다. 김해공항에선 화물기가 뜰 수 없습니다. 도심에 인접해 이착륙이 금지되는 '커퓨 타임 Curfew Time(밤 11시~아침 6시)'이 있기 때문입니다. 낮에는 여객기 뜨기도 바쁩니다. 그래서 비행기로 수출품을 실어 날라야 하는 첨단 기업은 남쪽에 못 옵니다. 사람과 금융이 해결된대도 제품을 유통할 방법이 없습니다. 관련 인프라도 당연히 없습니다. 코로나19 팬데믹 시기에 한번은 비상 의료 용품을 비행기로 실어 보내려 한 적이 있었습니다. 그런데 못 받았습니다. 화물기가 올 수 없었고, 공항에 보관할 냉장 기기가 없었기 때문입니다. 서울에서는 농담 아니냐며 웃었고, 지방에서는 울 수도 없었습니다.

　꼭 가덕도여야 하느냐? 당연히 아닙니다. 그래서 서울의 환경 전문가들이 함께 부지를 찾아봤으면 좋겠습니다. 낙동강 근처는 철새 도래지가 인접해 있습니다. 내륙은 가덕도보다 더 많은 산지를 깎아야 합니다. 지리산이나 울산 인근의 경남 알프스로는 더더욱 갈 수 없습니다. 지방 사람들이 다들 개발에 환장해서 가덕도를 깎고 싶어 안달이 난 게 아닙니다. 가덕도를 깎을 바에야 공항이 없으면 어떠냐고 할 수도 있습니다. 그것도 괜찮습니다. 그럼 대신 앞으로 지방은 경쟁력이 없다는 둥, 지방 대학은 문을 닫자는 둥, 기업 유치에 게으르다는 둥, 스스로 노력을 안 한다는 둥 그런 이야기는 안 했으면 좋겠고, 기왕에 지방 사람들이 다 서울로 이주해 5000만 명이 모두 서울에 살았으면 좋겠습니다. 그 사회경제적 비용을 서울만 내라고도 안 할 테니까요.

고향이 서울인 사람들

이 글을 읽는 독자라면 제 주장이 무조건 신공항을 짓자는 말이 아님을 이해할 것입니다. 돌이야 던질 수 있지만 일단 사정은 들어 보자는 것입니다. 과거 가난할 때 '먹고 죽으려 해도 먹을 쥐약도 없더라'는 말이 있었습니다. 지방 연구원에 근무하는 동안 그 말을 실감할 때가 많았습니다. 대학들에서 학과가 없어지고 청년들이 계속 빠져나가는 상황에서 과연 어떤 지속가능한 대안이 있는지 많은 사람이 고민했습니다. 그 대안을 연구해 서울에 와서 정치권력과 언론에 호소했습니다.

그런데 분위기가 너무 냉소적이었습니다. 곰곰이 이유를 생각해 봤습니다. 여론 변화에 가장 큰 영향을 준 것은 아무래도 인구였습니다. 그동안 수도권 인구가 50%를 돌파했던 것입니다. 인구만 늘어난 게 아니라 정치권력도 그만큼 커졌습니다. 우리 국회는 비례 대표 수가 적고 지역구에서 선출하는 국회의원이 압도적으로 많습니다. 수도권 국회의원 지역구는 지난

20여 년 만에 24개가 늘었습니다. 그만큼 지역은 줄었겠지요.

국회의원 선거 결과를 보면 색깔이 좌우로 나뉩니다. 나라가 그렇게 양분된 것처럼 보입니다. 그런데 예산의 분배나 균형 발전의 측면에서, 특히 경제·의료·교육 등의 격차에서 보면 좌우가 아닙니다. 수도권과 지방으로 나뉩니다. 수도권 의원들은 예타를 통해 자기 지역구에 예산을 가져오고 또 합심해서 수도권에 전철망을 열심히 깔고 있습니다. 전철 지하화 이야기도 나옵니다. 호남과 영남의 광역 시·도에서는 버스가 없어지는 마당인데 말입니다. 대한민국은 이렇게 두 개의 나라가 되어 가고 있습니다.

정치, 경제, 언론에서 영향력을 행사하는 많은 사람이 이제 수도권 출생자입니다. 서울이 고향인 것입니다. 20년 전에 균형 발전 이야기를 할 때는 많은 사람들이 쇠락해 가는 고향의 어려움을 떠올렸고, 안타까운 마음이라도 가졌습니다. 지금은 달라졌습니다. 지방과 동남아는 둘 다 휴가 때 며칠 가는 곳으로 여기게 되었습니다. 서울 사람들에게 지방은 풍경입니다. 서울 사람들은 지방 도시보다 인도네시아 발리나 베트남 다낭의 지리를 더 잘 알기도 합니다. 이렇게 대한민국의 지역 불균형은 인식의 수준에서도 임계점을 넘어섰습니다.

지방 소멸을 막지 않고 대한민국 소멸을 막을 수 있을까요? 그런 방법이 있으면 좋겠습니다. 그런데 그 방법은 보이지 않습니다. 우리는 흔히 인구 증감 그래프만 봅니다. 하지만 인구 이동 그래프는 어떻게 되고 있는 걸까요? 생산 인구 이동은 어떻게 될까요? 전체 인구가 줄면 수도권 인구도 줄까요? 수도권의 인구 구성 피라미드는 어떻게 될까요? 수도권은 과연 지속 가능할까요? 그럼 대한민국은요?

저출생 문제
막을 생각 없는
저출생 정책

지방 소멸과 저출생은 대한민국이 소멸하는 여러 경로 중에서 가장 확실한 연결 고리입니다. 지방에서 기회를 찾지 못하는 청년들이 서울로 몰려들고, 서울에서 기회를 찾기 위해 모든 것을 소진한 젊은이들에게 결혼과 아이는 비현실적인 미래이기 때문입니다.

세종시 0.94, 더 이상 세울 대책이 없다

2023년 8월 말, 한국 청년들이 처한 이런 상황을 알려 주는 두 개의 조사 결과가 발표됐습니다. 하나는 8월 30일, 통계청이 발표한 '2023년 6월 및 2분기 인구 동향'입니다. 이에 따르면 2023년 2분기 기준으로 전국 17개 광역 시·도 가운데 합계 출산율 1.0을 넘긴 지방 자치 단체는 단 한 곳도 없었습니다.

서울이 0.53으로 단연 가장 낮았습니다. 서울은 이미 2022년 4분기에 0.54를 기록해 0.6의 벽이 무너진 바 있습니다. 그에 비해 1.0의 마지노선을 꿋꿋이 지켜 온 곳이 있었습니다. 세종 시입니다. 거주자 중에서 맞벌이 공무원이라는 안정적 직업 비율이 압도적으로 높고, 학교와 도서관, 공원 등 신도시의 인프라가 아이 키우기에 가장 좋다고 정평이 난 곳입니다. 그래서 인지 세종시의 합계출산율은 1.0 밑으로 떨어진 적이 없었습니다. 그러나 2023년 2분기에 기어이 0.94를 기록했습니다. 세종 시조차 1.0을 버텨 내지 못한 것입니다.

세종시의 수치는 그저 출생률이 전국적으로 하락한다는 의미를 넘어섭니다. 세종시의 0.94는 이제 한국에서 일자리와 보육, 교육, 주거 등 어떤 방식의 전통적 출산 장려 정책도 현재의 저출생 추세를 막을 수 없다는 징후입니다. 이제 합계출산율이 계속 떨어진다는 추세가 문제가 아닙니다. 더 이상 대책을 세울 수 없다는 사실이 충격적인 것입니다.

이 인구 동향 통계 발표 직전인 8월 28일, 역시 통계청이 발표한 의미심장한 조사 결과가 있었습니다. '사회 조사로 살펴본 청년의 의식 변화'입니다. 이에 따르면 19~34살(청년기본법 기준으로 '청년'에 해당)에서 결혼을 긍정적으로 생각하는 사람은 2022년에 36.4%였습니다. 10년 전인 2012년의 56.5%보다 무려 20.1%포인트나 떨어졌습니다. 2010년대야말로 우리가 저출생 문제를 심각하게 받아들이고 많은 지원책을 양산했던 시기임을 생각하면 더욱 심각한 결과입니다.

이 조사에서 가장 두드러진 점은 남녀 성별 간의 인식 차이입니다. 남성은 43.8%가 '결혼을 긍정적으로 생각한다'고 응답했지만 여성은 28.0%에 그쳤습니다. 그렇다고 남성의 결혼 긍정률이 높게 유지된 것도 아니었습니다. 2012년에 남녀의 결혼 긍정 답변 비율은 각각 66.1%, 46.9%였습니다. 남성과 여성 각각 22.3%포인트, 18.9%포인트 줄었지요. 더 심각한 점은 '결혼 뒤 자녀 출산'에 대한 생각입니다. 이 질문에서 '결혼하더라도 아이를 가질 필요가 없다'고 응답한 청년은 53.5%로 절반이 넘었습니다. 여기서도 남녀 간 차이가 뚜렷하게 나타났습니다. 남성은 43.3%가 자녀를 가질 필요가 없다고 답했지만 여성은 65.0%에 이르렀습니다. 20% 넘는 차이가 난 것이지요.

이 결과들을 정리해 볼까요? 19~34살의 여성 가운데 결혼에 대해 긍정적으로 생각하는 사람은 3명 중 1명도 안 됩니다. 설사 결혼하더라도 아이를 갖지 않겠다고 생각하는 여성이 3명 중 2명이 넘습니다. 이런 상황에서는 합계출산율이 0.6이라도 유지되는 게 오히려 다행이 아닐까 싶습니다.

여성 취업은 전 세대가 반기는데, 가사 분담은?

앞에서 소개한 조사를 보면 일단 합계출산율이 왜 이렇게 낮은지는 이해가 됩니다. 그렇다면 무엇을 해야 하는지 답도 찾을 수 있을까요? 그런 것 같습니다. 먼저 '여성 취업에서 가장 큰 걸림돌이 육아 부담'이라고 답한 비율은 46.3%였습니다. 흥미롭게도 여기서는 여성 48.5%, 남성 44.3%로 남녀 간 차이가 거의 나지 않습니다. 두 성별이 모두 이 사실을 잘 알고 있는 것입니다. 또 하나 눈길을 끄는 것은 10년 전 수치와 비교한 결과입니다. 여성의 취업 걸림돌이 육아 부담이라고 한 응답은 2011년에 46.2%였습니다. 그런데 지난 10년 동안 이 비율이 거의 변하지 않았습니다. 개선된 것이 없다는 뜻입니다.

2022년에 '일과 가정의 균형이 중요하다'고 답한 청년은 45.4%였고, '일이 우선'이라고 응답한 청년은 33.7%였습니다. '가정이 우선'이라고 답한 청년도 20.9%나 됐습니다. 여기서 흥미로운 점은 추이의 급격한 변화입니다. 2011년에 '일 우선-균형-가정 우선'의 비율은 각각 '59.7%, 29.1%, 11.3%'였는데, 2021년에는 '33.7%, 45.4%, 20.9%'로 순서가 바뀌었습니다. 순서만 바뀐 게 아니라 비율의 증감도 10년 사이에 매우 큽니다. 시계열적으로 보면 다른 기간에서는 변화가 서서히 나타났지만, 2019년과 2021년 사이에는 극적인 역전이 일어났습니다. '가정이 우선'이라는 비율이 2011년 11.3%에서 격년 단

위로 1%씩 꾸준히 상승하다가, 2019~2021년 2년간 15.5%에서 20.9%로 급격히 상승한 것입니다. 코로나19 팬데믹으로 학교와 보육 시설이 폐쇄되는 육아 한계 상황을 마주하면서 젊은 부부들의 인식에 급격한 변화가 생겼으리라고 생각하면 무리일까요?

'가사 분담을 부부가 공평하게 해야 한다'는 응답은 국민 전체에 10년 동안 45.3%에서 64.7%로 증가했지만, 청년 세대에서는 59.7%에서 84.4%로 훨씬 더 많이 올랐습니다. 2012년에는 국민 평균과 청년의 격차가 19.4%포인트였는데 2022년에는 24.7%포인트로 더 벌어졌습니다. 가사 분담에 대한 세대 간 견해 차이가 더 커진 것입니다. 가사 분담에 대한 이런 세대 간 격차는 결혼한 젊은 부부들과 부모 세대 간 갈등의 요인이 될 수 있습니다. 나중에는 결국 부부 간의 갈등도 야기하겠지요. 그런데 이 격차가 커진 것, 어디가 문제일까요? 청년 세대가 너무 앞서가는 것일까요? 아니면 우리 국민 가운데 35.3%, 곧 3명 중 1명 이상이 2022년에도 '특정 성별이 가사 분담을 더 많이 해야 한다'고 생각하는 것이 문제일까요?

이와 관련해 생각해 볼 만한 질문이 있습니다. '여성이 취업하는 것이 좋다'에 대한 세대별 견해입니다. '좋다'는 의견은 청년 세대에서 85.2%인데 국민 전체에서도 87.4%로 거의 차이가 없었습니다. 요컨대, 여성이 일하는 것을 모든 세대가 압도적으로 좋게 생각하는 겁니다. 그런데 가사 분담에 대해서는 세대에 따라 매우 다른 생각이 나타났습니다. '일은 똑같이, 가사는 여성이 더 많이'라는 것이죠.

'결혼하지 않는 주된 이유'에서는 남녀 간 응답이 상이하게 나왔습니다. 여성은 '결혼 자금 부족'과 '필요성 못 느낌'이 각각 26.4%와 23.7%로 큰 차이가 없었습니다. 그런데 남성은 각각 40.9%와 13.3%로 큰 차이가 났습니다. 조금 단순화해 말하면 남성은 결혼이 '필요하지만 자금이 부족해서' 못하는 것이고, 여성은 아예 '결혼 자체가 필요 없다'고 생각하는 이가 상대적으로 더 많은 겁니다.

법으로 보장된 육아 휴직은 가장 길지만…

이런 조사 결과를 종합해 보면 세대·성별 간에 결혼과 출산, 일과 가정에 대한 생각의 차이가 지난 10년 동안 전혀 좁혀지지 않았다는 것을 알 수 있습니다. 모두가 여성이 일하기를 원하고 육아 때문에 그것이 힘들다는 점도 알고 있습니다. 그러나 많은 부모 세대와 남성은 이 부담을 고스란히 여성이 맡기를 원합니다. 여성들이 결혼하지 않는 것은 육아와 가사에 대한 생각이 이처럼 세대 간, 성별 간에 다르기 때문입니다. 그렇다면 필요한 것은 여성이 출산 뒤에도 일할 수 있는 사회 인식의 변화와 이를 이끌어 낼 제도적 장치입니다. 그러나 우리 사회는 말로만 저출산이 문제라고 하고 이런 부분을 고치려는 노

압축 소멸 사회

력은 별로 하지 않았습니다.

물론 정부가 뭘 전혀 안 한 것은 아닙니다. 정부 추산으로 2006년부터 2021년까지 저출생 대책에 투입된 예산이 무려 280조 원이라고 합니다. 저출산과 직접 관계가 없는 예산들도 다수 포함된 집계라고는 하지만 그렇다고 관련 정책이 전혀 없었다고는 할 수 없습니다. 보육 인프라도 구축하고, 출산 장려금도 주고, 산후조리원 이용도 지원하고, 여러 다자녀 혜택도 생겼습니다. 그러면서 아이를 낳으라고 했습니다. 하지만 효과가 없었습니다. 그동안 합계출산율은 1.13에서 0.81로 떨어졌습니다. 헛돈을 쓴 것입니다. 당연한 결과입니다. 지난 20년 가까이 정부가 해 온 일은, 이를테면 화장실 갈 생각이 전혀 없는 사람들을 위해 화장실로 가는 길을 만들고, 표지판을 만들고, 휴게소를 만들고, 화장실을 대리석과 보석으로 꾸미고, 그 앞에서 일 보고 나온 사람들을 위해 박수 부대를 준비해 놓은 것이나 다름이 없기 때문입니다.

사실 진짜 문제는 그동안 헛돈을 썼다는 데 있지 않습니다. 더 큰 문제는 앞으로도 이런 예산 지출 방향이 크게 바뀔 것 같지 않다는 것입니다. 만약 정부가 이런 실태를 그동안 전혀 모르고 있었다면 이번 조사를 통해 정책의 방향을 새롭게 잡을 수 있을 겁니다. 그러나 과연 지금까지 이런 상황을 전혀 몰라서 예산이 잘못 쓰였을까요? 아니면 어느 정도 알고 있지만 이 문제를 해결하는 건 어려운 일이라고 생각해 적당히 다른 곳에 예산을 뿌리고 만 것일까요?

문제 해결의 핵심은 결혼과 가사 노동에 대한 세대·성별 간 인식 차이를 어떻게 줄일지에 있습니다. 여성의 역량에 대한 관점이 '집에서 살림만 하는 여자'에서 '일도 살림도 모두 잘하는 여자'로 변화한 지는 오래되었습니다. 문제는 사회적 인식이 여전히 거기에 머물러 있다는 것이지요. 우리의 육아 휴직 수당은 최고 상한액이 여전히 150만 원입니다. 전체 육아 휴직자 중 남성 비율은 2022년 기준으로 17.7%에 불과합니다. 육아 휴직자 차별이 가장 적다는 공공 기관에서도 여성과 남성의 육아 휴직 비율은 여전히 6 대 1입니다. 출생률이 높은 덴마크, 아이슬란드, 노르웨이, 포르투갈, 스웨덴, 룩셈부르크에서는 육아 휴직자의 45% 이상이 남성입니다.

그런데 우리나라의 불균형한 육아 휴직 성적표의 핵심은 제도 자체가 아닙니다. 법으로 보장된 아빠의 육아 휴직 기간 (1년)은 OECD 회원국 중 가장 깁니다. 그러나 실천되지 않습니다. 국가도, 사회도, 기업도 저출생이 걱정이라며 예산을 써 대지만 성별 간 육아 부담의 불균형 이야기는 별로 하지 않는 겁니다. 불편한 이야기라서 그럴까요? 아니면 정책을 만드는 세대가 여전히 가사를 여성이 더 부담해야 한다고 생각해서일까요?

지금까지 많은 저출산 대책은 임신·출산 지원, 양육 지원, 가족 지원, 미래 세대 육성 등에 집중됐습니다. 그중에서도 대부

분의 예산이 양육 지원에 투입되고 수혜 대상은 주로 저소득
층입니다. 그러나 평등하고 보편적인 '일-가정' 양립을 어떻
게 만들어 나갈 것인지에 대해서는 여전히 별 대책이 없어 보
입니다.

저출생을 걱정했다는 알리바이 만들기

이런 상황에서 과연 젊은 여성들이 결혼과 출산을 당연하게
받아들일 수 있을까요? 국가와 사회가 여성의 일과 육아에 대
해 근본 인식을 바꿀 노력은 하지 않으면서, 결혼을 장려하고
아이를 낳으라는 정책을 펴는 어리석은 짓을 언제까지 해야 할
까요? 차라리 이렇게 솔직하게 말하는 건 어떤가요? '우리는
저출생에 대해 걱정했다는 알리바이를 만들기 위해 막대한 예
산을 쓰는 것이지, 실제로 저출생을 막을 생각은 없다'고.

전쟁 위기는
교통사고처럼
온다

지방 소멸과 인구 소멸은 대한민국의 존망을 결정지을 위기입니다. 또한 이 둘은 '연결된 위기'이기도 합니다. 지방 청년들이 서울로 집중적으로 몰려오고 그것이 서울과 대한민국의 출생률 급감으로 이어지기 때문입니다. 적어도 한 세대 안에 해결책을 찾지 못하면 우리는 2050년 이후 착실하게 소멸의 길을 걷게 될 것입니다. 지금 소멸 위기 지역으로 분류된 곳에서 인구가 다시 늘어나지 않고 합계출산율이 0.5 이하의 임계점 아래로 내려가 버리면, 우리는 스스로 인구를 회복하기 어려울 것입니다. 그 이후의 상황은 충분히 예측 가능합니다. 더 이상 자손을 재생산할 수 없는 사람이 서서히 늙어서 죽듯이, 대한민국도 그렇게 고령화를 지나 소멸할 것입니다.

그래도 이런 소멸은 꽤 평화롭고 안정적입니다. 예비된 노년과 죽음을 차분히 맞이할 수 있기 때문입니다. 사회는 더 이상 미래에 투자할 필요가 없을지도 모릅니다. 어린이용 풋살 경기장을 게이트볼 경기장으로 바꾸고 가족용 공원을 파크골프장으로 전용하듯이, 전체 시스템을 고령자 위주로 전환할 필요도 있을 것입니다. 이미 생각보다 많은 지방에서 이런 일들이 일어나고 있습니다. 그런데 이런 안정적 소멸만 있는 것은 아닙니다. 지금처럼 불안정한 세계에서 지정학적으로 경계에 위치한 한국은 더 심각한 위기를 맞을 수도 있습니다. 그 위기가 어느 날 갑자기 교통사고처럼 우리를 덮치는, 그런 소멸의 가능성도 없지 않지요. 바로 전쟁입니다.

지난 20세기 후반은 비교적 안정된 시기였습니다. 약 70여 년간 세계적으로 전쟁은, 저개발 국가들에서 권력이나 경제적 이해관계를 두고 내전이 벌어지거나 누적된 종교적·인종적 갈등이 우발적 테러 등으로 확산하는 경우를 제외하면 예외적인 일이었습니다. 모든 사람이 휴대전화를 들고 다니는 첨단의 시대에 대규모 재래식 전쟁이 문명의 한복판에서 일어나리라고는 생각하기 어려웠지요. 그런데 그런 일이 벌어졌습니다. 대표적으로 '우크라이나-러시아' 전쟁과 '이스라엘-하마스' 전쟁입니다.

그렇다면 한반도에서의 전쟁은 어떨까요? 한반도에서 전쟁이 일어난다면 그 양상은 다른 전쟁들과 전혀 다를 것입니다.

국토 면적과 인구, 남북의 전투력, 재래식 무기의 질과 양, 핵무기 사용 가능성, 주변 강대국들의 이해관계 등으로 볼 때 어떤 식이든 전쟁이 일어난다면 한반도는 초토화될 것이 분명합니다. 사실 전쟁은 너무 극단적인 상황이라서 평소의 우리는 그런 일을 잘 상상하기 어렵습니다. 전 세계에서 가장 재래식 전력의 집중도가 높은 두 적대 국가의 국경을 수도에서 한 시간 거리에 두고 있는데, 우리가 전쟁의 위협을 전혀 느끼지 못하고 살아가는 것은 신기한 일이기도 합니다. 그래서 더 실감을 하지 못하는 것이지요. 그런데 과연 한반도에서 전쟁의 가능성이 있을까요?

얄타 체제의 해체

사회학자 백승욱은 저서 《연결된 위기》에서 가능성이 상당하다고 말합니다. 백승욱은 우크라이나-러시아 전쟁의 원인을 미중 신냉전이 아닌 '얄타 체제의 해체'라고 봅니다. 얄타 체제란 무엇일까요? 우리가 교과서를 통해 배운, 한반도 신탁 통치가 처음 논의되었다는 바로 그 '얄타 회담'으로 시작한 체제를 의미합니다.

유럽에서 제2차 세계 대전이 저물어 가던 1945년 2월, 미국·영국·소련 세 나라의 수장인 루스벨트, 처칠, 스탈린이 크림반도 남부의 휴양 도시인 얄타에 모여 전쟁 이후의 세계 질서를 논의했습니다. 이렇게 시작한 얄타 체제는 미국이 소련을 파트너 삼아 탈제국주의·탈식민지 시대에 새롭게 등장한 많은 국민 국가들의 독립과 안전을 보장하고, 강대국들 사이의 대규모 전쟁을 억제하려는 구상을 담고 있었습니다. 물론 세계의 외교사가 보여 주듯이 이런 아름다운 이상만 있는 것은 아니었지요. 미국의 의지는 분명했습니다. 제2차 세계 대전 이전까지 유럽에 있던 세계의 패권을 이제 미국이 장악했으니 그 헤게모니를 지속하기 위한 국제 전략이 필요했던 것입니다. 쇠락해 가는 제국 영국은 이 사실을 인정하고 소프트 랜딩soft landing을 준비하고, 차르tsar 체제의 저발전 농업 국가 러시아에서 공산주의 혁명의 국가로 재탄생한 소련은 세계 질서를 논의하는 3대 강국으로 존재를 인정받은 셈입니다.

그래서 얄타 체제는 실질적으로 미국 일극 체제이면서 형식적으로는 유엔을 통한 다자주의가 골자입니다. 이 체제에서 미국·영국·프랑스·중국·소련 5개 유엔 안전보장이사회 상임이사국들은 거부권을 행사할 수 있습니다. 강대국 간의 비참한 전쟁인 제1·2차 세계 대전을 거치면서, 여러 강자 중 하나가 쉽게 무력을 발휘하기 어렵도록 동시에 상호 견제하는 시스템을 만든 것입니다. 그래서 얄타 체제는 압도적 무력을 가진 강대국이 인근 영토를 침략하고 싶은 유혹을 방지하는 데 그 목적이 있었습니다.

이 체제를 구상한 미국이 정확히 예상하지 못했던 것도 있습니다. 소련의 급속한 성장입니다. 소련은 중앙아시아와 지중해를 거쳐 동유럽을 집어삼켰고, 아시아에서는 한국전쟁이 발발했습니다. 결과적으로 얄타 체제는 미소 대결을 통한 '냉전'이라는 체제로 굳어졌지만, 오랫동안 얄타 체제의 근간은 유지됐습니다. 사실 '열전'이 아닌 '냉전'이라는 말 자체가, 제2차 세계 대전 이후 70년 동안 유럽과 북아메리카의 강대국들이 참여하는 대규모 전쟁이 없었다는 것을 의미합니다. 지구적인 수준에서 인류의 다수가 '평화'를 상시적인 삶의 조건으로 받아들였고, 그 기반 위에서 미국이 주도한 자유주의적 자본주의는 무럭무럭 자라났습니다.

대만해협 분쟁과 한반도 위기가 동시에?

백승욱 교수는 최근 이 체제가 붕괴하기 시작했다고 말합니다. 작게는 독일 통일과 소련의 해체 같은 사건들이 체제 붕괴의 시발점이 되었고, 더 넓게는 미국 단일 패권의 약화와 평화에 기반을 둔 자본주의적 발전 양식의 한계가 원인으로 꼽힙니다. 어떤 이유로든 얄타 체제가 무너진다면 그것은 세계 질서가 제1·2차 세계 대전 이전의 '야만적 상황'으로 돌아갈 수 있다는 위험을 의미합니다. 강대국들의 힘의 경쟁을 제어할 수단이 사라지고, 제국주의적 본성이 세계 곳곳에서 다른 나라들과 충돌하는 것입니다.

백승욱이 이 책을 쓸 때는 아직 이스라엘-하마스 전쟁이 일어나기 전이었습니다. 우크라이나-러시아 전쟁이라는 이변이 발생하기는 했지만, 서구 세계에서 또 다른 전쟁이 쉽사리 벌어지리라고 예측하기 어려운 때였지요. 그러나 전쟁은 또 일어났습니다. 김종대 전 의원이 《한겨레》 기고에서 말한 것처럼 '전쟁이 전염병처럼 퍼지고' 있는 것입니다. 지금도 여성과 아이들을 포함해 하루에 수백 명이 전쟁으로 목숨을 잃고 있습니다. 선제공격한 하마스가 민간인을 표적으로 삼았고, 보복에 나선 이스라엘도 민간인 거주 지역에 거리낌 없이 폭탄을 쏟아붓고 있습니다. 봉쇄로 인한 고통은 차마 형언하기 어려운 지경입니다. 어린아이들이 마취제도 없이 절단 수술을 받고 영유아들이 굶어 죽고 있습니다. 전쟁과 관련한 여러 국제 규약은 휴지 조각이 됐고 어떤 강대국도 이 상황을 제어하지 못하고 있습니다. 어떻게 21세기에 벌어진 전쟁에서 이런 일이 일어날 수 있을까요? 인류는 진보하고 있기는 한 걸까요?

전쟁이 문명 세계에 바짝 다가왔습니다. 이런 비참한 전쟁의 양상은 과거에는 아프리카, 남아메리카, 남아시아 등 저발전 국가들의 안과 밖에서 종족적·종교적 갈등이 심각해지고 국제 질서의 힘이 제대로 미치지 못하는 곳에서만 나타났습니다. 1990년대 유고슬라비아가 해체되면서 유럽 언저리에서 일어난 끔찍한 전쟁과 학살은 냉전의 마지막 후과이자 발칸반도의 고질적 갈등이 누적된 예외적 결과로 이해되었습니다. 적어도 강대국들은 여전히 전쟁을 확대하기보다는 중재하거나 억제하려고 노력했고 전쟁 범죄자들은 체포되어 처벌을 받았습니다. 그런데 최근 벌어진 전쟁은 조금 다릅니다. 러시아라는 강대국이 직접 전쟁을 도발했습니다. 다른 강대국들은 이를 제지하지 못했지요. 이스라엘과 팔레스타인계 사이의 분쟁은 늘 있었지만 군사적 분쟁은 단기간에 끝나거나, 미국과 유럽 등이 개입해 대규모의 비인도적 전쟁의 장기 지속은 막으려고 애를 썼습니다. 그러나 이제 세계는 바뀌었습니다. 이런 변화는 무엇을 의미할까요?

백승욱은 러시아의 우크라이나 침공과 중국의 대만 위협, 북한의 핵 도발이 서로 연결될 가능성이 크다고 말합니다. 지금은 미중 패권 경쟁의 시기입니다. 전 세계에서 과거 제국의 위상에 해당하는 나라는 미국뿐이었지만 이제 중국이 떠오르고 있습니다. 만약 중국이 얄타 체제가 무력화됐다고 최종적으로 판단한다면 제국의 경쟁 질서가 부활하게 될 것입니다. 다시 열린 제국의 시대에 중국의 첫 목표는 대만이 될 것이고요.

러시아가 과거 소련의 영토였던 우크라이나에 대한 전쟁을 '특별 군사 작전'과 '내정의 연장'이라고 명명했듯이, 중국도 대만 문제를 '국내 문제'로 주장할 수 있습니다. 그리고 대만해협에서 분쟁이 일어날 경우 한반도에서 동시적 위기가 발생하는 것은 중국에게 대단히 유리한 일입니다. 중국이 미국과 대만해협에서 일대일 대결을 벌인다는 것은 쉽지 않겠지만, 한반도의

　　　　　　　　　압축 소멸 사회

상황도 급박해진다면 미국은 조심스러울 수밖에 없을 겁니다. 그래서 대만해협과 한반도의 위기 발생 순서는 필요에 따라 바뀔 수도 있습니다.

이런 가능성을 암시하는 하나의 변수가 있습니다. 한중 수교 이후 오래도록 유지되어 온 중국의 '한반도 비핵화 원칙'이 사실상 포기됐다는 것입니다. 이것은 실로 한반도의 운명을 바꿀지도 모르는 변화입니다. 그동안 중국은 한반도의 군사적 긴장 완화, 적어도 군사적 분쟁의 가능성이 높아지지 않도록 하는 것이 자국의 이익에 부합한다고 보았습니다. 북한의 핵미사일을 이유로 미국이 한반도에 일시적·영구적으로 전력을 전개하는 것이 자국의 안보에 위협적이라고 판단했기 때문입니다. '사드 배치' 문제가 한중 간 첨예한 외교적 쟁점이 된 것도 이러한 맥락입니다. 그런데 이 중대한 원칙과 판단에 변화가 생겼습니다. 필요에 따라서는 한반도의 긴장이 고조되는 것이 중국에 나쁘지 않을 수도 있다는 입장으로 바뀐 것입니다. 지난 한 세대 사이에 중국이 굴기했고, 홍콩에 이어 하나의 중국 원칙을 대내외에 과시할 수 있는 전략적 목표로 대만이 가시권에 들어왔습니다. 미중 갈등의 전장이 남의 땅인 한반도에서 대만해협으로 옮겨 간 것입니다.

지난 수백 년간의 역사를 돌이켜 보면, 한반도의 평화는 한반도를 둘러싼 강대국들이 어떤 입장을 갖는가에 따라 큰 영향을 받았습니다. 러시아는 어떨까요? 과연 한반도의 평화를 바라고 있을까요? 이전처럼 분단 상황의 정적인 지속이 자국에 유리하다는 전략적 입장이 바뀌지 않았다고 할 수 있을까요?

북한의 김정은 국무위원장이 2023년 러시아 블라디보스토크를 방문해 보스토치니 우주 기지에서 푸틴 대통령을 만났습니다. 김정은은 정상 회담 머리 발언에서 "러시아는 주권 수호를 위해 성스러운 전투를 벌이고 있다. 북한은 러시아가 제국주의에 맞서 싸우는 데 항상 함께하겠다"고 말했습니다. 푸틴은 '러시아가 북한의 인공위성 개발을 도울 것인가'라는 질문에 "우리는 그래서 이곳에 왔다. 북한의 지도자는 로켓 기술에 큰 관심을 보인다"고 답했습니다. 북한이 핵무기를 장착할 수 있는 대륙간탄도미사일ICBM의 최종 관문인 대기권 재진입 기술을 러시아에서 전수할 가능성이 생긴 것입니다. 김정은은 '유리 가가린' 항공기 공장을 방문해 러시아의 주력 전투기인 수호이-35에 큰 관심을 보였습니다. 김정은은 5세대 스텔스 전투기인 수호이-57의 조립 공정도 살펴봤습니다. 러시아가 미국 공군 F-22 랩터에 대항하기 위해 개발한 기종으로 레이더에 잘 포착되지 않는 스텔스 기능을 갖췄고, 2020년 12월 실전 배치까지 끝난 러시아 항공 전력의 핵심입니다.

두 나라의 협력은 여기에 그치지 않았습니다. 2024년 6월, 푸틴이 북한을 방문했습니다. 24년 만의, 실로 이례적이고 전격적인 방북이었습니다. 정상 회담에서 북한과 러시아의 관계는 '포괄적 전략 동반자'로, 기존의 관계에서 세 단계나 격상되었습니다. 러시아는 다른 나라들과 '선린 우호 관계, 상호 신뢰하는 협력 관계, 전략적 동반자 관계, 전략적 협력 동반자 관계, 전략적 동맹' 순으로 등급을 나눕니다. 기존의 북러 관계는 '선린 우호 관계'였고, 현재 한러 관계는 '전략적 동반자 관계'입니다. 북한에 대해서는 앞에 '포괄적'이라는 말을 넣어 우리보다 격이 높다는 것을 분명하게 했습니다. 푸틴 대통령은 정상회담에서 "러시아가 수십 년간 미국과 그 위성국의 패권적, 제국주의 정책에 맞서 싸우고 있다. 북한을 도와 미국의 압박과 군사적 위협에 대응하겠다"고 말했습니다. 김정은 국무위원장은 "북한과 러시아가 새로운 번영의 시대에 진입했다. 세계 상황이 악화되고 있는 가운데 러시아와 전략적 협력을 강화하겠다"면서, 우크라이나 전쟁에 대해서도 전적으로 러시아를 지지한다고 화답했습니다.

그리고 최근 북한은 드디어 러시아-우크라이나 전쟁에 자국군을 파병했습니다. 이제 두 나라는 혈맹이 되었습니다. 지난 한국 전쟁에서 소련은 공식적으로는 참전하지 않은 나라였습니다. 휴전 협정의 당사국도 아니었지요. 중국은 '항미원조' 전쟁으로 공식적으로 기억하고 휴전 협정에도 참여했지만, 소련은 아니었습니다. 그러나 이제 공식적으로 러시아와 북한은 전쟁을 함께 치른 누구보다 강력한 동맹이 되었습니다. 한반도 역사상 없었던 일입니다. 이제 우리는 완전히 새로운 시대를 맞았습니다.

러시아가 로켓 기술과 방공망을 제공한다면?

북·러 양국의 군사적 협력 강화, 외교적 관계의 격상, 사실상의 군사 동맹은 무엇을 의미할까요? 특히 김정은이 최신 로켓 기술과 최신예 전투기를 확인했다는 것은 어떤 의미가 있을까요? 북러 정상 회담 직전 북한은 '전술핵 공격 잠수함 김군옥 영웅함을 자체 건조했다'고 밝혔고 김정은이 직접 진수식에 참석했습니다. 김정은은 "핵무기를 장착하면 그것이 핵잠수함"이라고 말했습니다. 다소 어리둥절한 정의입니다. 핵무기 장착이 아니라 원자로를 장착하고 수면 위로 부상하지 않은 채 작전을 수행할 수 있어야 핵잠수함인데 말이지요. 그렇지 않은 일반 잠수함이 핵미사일을 갖고 있다고 해도 아마 발사 전에 탐지되어 격침당하고 말 겁니다. 실제로 많은 전문가는 이 잠수함이 정상적으로 작동하기 어려울 것이라고 지적합니다. 북한의 잠수함발사탄도미사일SLBM 자체가 기술적으로 불완전한 데다 소음이 크고 잠항 능력에 한계가 있는 구형 디젤 잠수함은 감당할 수 없다는 것입니다. 그래서 한미 해군과 공군에 쉽게 탐지될 것이기에 실질적인 작전 능력이 거의 없다는 지적은 타당해 보입니다. 적어도 북한이 독자적으로 작전한다면 말이지요.

그런데 러시아가 로켓 기술과 방공망을 제공한다면 어떻게 될까요? 한미 공군이 탐지한다고 해도, 그 지역이 동해상의 북한 수역 안쪽이고 하늘에서는 러시아의 최신형 수호이 전투기가 잠수함 상공을 엄호한다면 말입니다. 북러 정상 회담에서는 북러 혹은 북중러 합동 군사 훈련 가능성이 언급됐습니다. 실제 훈련 실시 가능성도 큰 것으로 전문가들은 예측하고 있습니다. 그런 상황이 벌어지면 이에 대항하는 한미일 합동 군사 훈련이 동해상에서 동시에 전개될 수밖에 없습니다. 일본 자위대의 이지스함이 독도 앞바다에 진출하는 상황이 현실이 되는 것입니다. 한국의 뉴라이트가 실로 고대해 마지않는 순간일 겁니다. 전 세계에서 내로라하는 여섯 개의 군사 강대국이 모인 상황에서 북한 잠수함이 탄도 미사일 발사구를 열고, 한국과 일본의 이지스함이 이를 포착해 대함 미사일 발사 준비를 하고, 이를 다시 러시아의 수호이-35 전투기가 포착하고, 한미의 F-15, F-22 전투기가 수호이를 미사일 '록 온(조준)'하는 상태가 된다면… 이는 전쟁의 시작일 것입니다.

백승욱은 《연결된 위기》의 '한반도 핵 위기의 극단적 시나리오'라는 작은 항목에서 그 과정을 이렇게 설명합니다. '남북한 사이 공중전 중심의 국지적 위기가 고조되고, 남북한 중간 지대가 분쟁 지역의 특징을 띠게 되며, 이 과정에서 북한의 전투기가 연이어 격추된다. 북한이 남한의 전투기 발진 기지인 남한의 공군 기지를 대상으로 제한적 전술핵을 발사한다. 동시에 북한은 미국이 공격하면 미국과 서울에 전략핵을 쏘겠다고 위협한다.' 이것이 무엇을 의미하는지는 분명합니다. 한반도의 소멸입니다.

최후의 보루 '9·19 남북 군사 합의'마저…

윤석열 정부는 '9·19 남북 군사 합의'를 사실상 효력 정지했습니다. 군사 합의의 핵심 내용은 우발적 무력 충돌을 막기 위해 군사력 공백 구간을 설정한 것이었습니다. 현재 남북 관계가 악화하면서 많은 합의 사항이 무력화되었는데 그나마 마지막으로 유지되던 것이 '9·19 합의'였습니다. 합의 이후 북한의 간헐적 도발 행위가 있었지만 과거처럼 무력 충돌로 확대되지 않았고 비무장지대에 대한 전투 비행과 군사력 투입도 일어나지 않았습니다. 이 합의가 작동한다는 의미였습니다. 합의가 무효화된 상황에서는 남북한 사이의 긴장 고조가 곧바로 국지전으로 확대될 가능성이 적지 않습니다.

사실 군사적 합의는 남북 관계가 화해 무드일 때는 별 필요가 없는 것이지요. 그런 상황에서 이 합의를 이루었던 것은, 남북의 어느 한쪽에서 군사적 도발의 유혹을 느낄 때 그 문턱을 높이기 위해서였습니다. 어느 쪽에서든 군사적 도발을 하겠다고 마음먹으면 그걸 막을 수는 없겠지만, 합의를 어긴 만큼 대가를 치러야 한다는 의미를 담고 있는 것입니다. 설령 윤석열 정부가 이야기한 대로 '사실상 무효화되었다'는 주장을 백번 양보해 받아들인다 해도, 여전히 그러한 합의가 존재한다고 주장하는 쪽이 명분상 유리한 것이 사실입니다. 이 합의를 일부러 이쪽에서 명시적으로 효력 정지하는 것은 전 정부의 치적을

　　　　　　　　　　압축 소멸 사회

지우겠다는 것, 그리고 남북 간 긴장 완화의 의지가 없음을 천명하는 것 외에 별로 얻을 게 없습니다.

실제로 윤석열 정부는 '한반도의 전쟁을 막겠다'가 아니라 '도발에 응징, 보복하겠다'는 메시지를 강조하고 있습니다. 최근에는 우크라이나에 대한 파병까지 검토하고 있습니다. 만약 우크라이나에서 한국군 병사가 북한군의 총에 맞기라도 하면 어떻게 될까요? 그 반대의 상황은요? 이처럼 한 치 앞을 내다보기 어려운 상황에서 우리는 과연 우발적 소멸을 막을 준비를 제대로 하고 있는 것일까요?

3부

정치의
소멸은
어떻게 오는가

게임과
스포츠만도
못한 정치

    정치의 소멸을 말하고 있는 지금, 돌아보면 2016년의 촛불은 꿈만 같습니다. 그때 정치는 팔팔 살아 있었습니다. 국정을 운영할 능력을 가진 정부는 없었지만, 그 정부를 끌어내릴 시민이 있었습니다. 처음에는 사태의 심각성을 깨닫지 못하고 정치 공세에 이용하거나 거국내각 구성 정도로 막을 수 있다고 생각한 국회와 정당들은 뒤늦게 탄핵 절차에 동참했습니다. 사법부도 최종 단계에서 시민의 뜻을 충실히 따랐습니다. 전 세계적으로 민주주의에 대한 신뢰가 지속적으로 줄어들고 포퓰리즘이 미국과 유럽을 모두 삼키고 있던 순간에, 한국의 촛불은 폭풍우 속 외로운 등대처럼 민주주의를 지키고 있었습니다.

게임·스포츠에는 룰과 존중이 있다

8년이 지났습니다. 많은 것이 변했습니다. 우리는 지금 희
망이 보이지 않는 사회, 소멸해 가는 대한민국을 맞았습니다.
과거 어느 민족과 나라에서도 볼 수 없을 정도로 유례없이 빠
른 속도로 우리는 멸종하고 있습니다. 우리는 압축 성장을 통
해 근대화·산업화·민주화를 엄청난 속도로 빠르게 성공시켰
는데 쇠퇴의 속도에서도 압도적인가 봅니다. 2016년 한국의
시민들은 다른 선진국들에 비해 매우 높은 민주주의 신뢰도와
정치 효능감을 보여 주었는데, 지금은 아주 빠르게 그것을 따라
잡아 정치 혐오가 만연한 다른 나라들과 별 차이가 없어졌습니
다. 올라가는 속도가 아주 빨랐는데 내려오는 속도도 아주 빠릅
니다.

한 진화생물학자의 지적대로, 80억이나 되는 인류가 지구를
뒤덮어 기후 위기와 생태계 질서의 파괴를 초래하고 있는 인류
세의 시대에, 한국과 같은 한 공동체의 소멸은 스스로 인구를
줄여 사라지려는 생물학적 자정 작용의 하나일지도 모릅니다.
본래 동물은 지나치게 군집이 커지면 그 규모가 줄어들게 마
련입니다. 그런데 인간은 다른 동물과 구별되는 독특한 특성이
있습니다. 삶에서 '행복'과 '희망'이 차지하는 비중이 매우 높
고, 그것이 결핍되는 상황이면 자멸을 선택하기도 한다는 것입
니다.

그러니 행복하지 않은 인간 집단이 스스로 후손을 낳지 않으려는 것은 이상한 일이 아닙니다. 어쩌면 자연스러운 종결로 받아들여야 할지도 모릅니다. 그래서 어떤 사람들은 '인구 소멸은 막을 수 없어. 이미 늦었어'라고 자포자기하거나, '이제 이민자를 받아들이는 수밖에 없다'며 문제 해결을 외재화하기도 합니다. 그럴 수도 있습니다. 그러나 그런 경우라 하더라도 우리가 아무것도 하지 않고 있을 수는 없습니다. 소멸이든, 이민 국가가 되든, 여기에는 '시간'과 '적응'의 문제가 뒤따르기 때문입니다.

소멸의 속도가 너무 빠르고 사회가 지속가능성이 없어지면 인구 구조의 변화에 따라 기존의 사회 시스템이 버티지 못할 가능성이 높습니다. 이미 우리 주변에서 일어나는 일들처럼 소아과는 사라지고 노인 요양 병원 같은 고령자 의료 서비스가 엄청나게 늘어날 것입니다. 지방 소멸이 가속화되면서 지방에서는 학교와 병원 같은 기본적인 삶의 인프라가 사라지고 있습니다. 고령자에게 혜택이 주어지는 여러 복지 제도도 탄력적으로 운용하거나 중단될 수밖에 없을 것입니다. 고령화와 더불어 OECD 최상위권인 노인 빈곤율이 더 증가할 가능성도 높습니다. 무엇보다 이렇게 빠르게 인구가 소멸되면 건강 보험과 국민 연금 같은, 미래 세대와의 장기적인 사회 계약을 통해 유지되던 많은 사회 제도와 재정 정책은 심각한 위기에 처할 것입니다.

이러한 문제들은 노동 인구를 해외 이민자로 채운다고 해서 쉽게 해결될 일이 아닙니다. '우리'와 '그들' 사이에는 새로운 형태의 사회 계약이 필요할 것입니다. 노동 이민자의 체류 기간, 조건, 한국 사회에 대한 기여 정도, 정치적·사회적 권리, 2세대들의 보육과 교육까지 하나의 이민 국가가 된다는 것은 결코 간단한 일이 아닙니다. 과거 미국이 겪었던 수많은 일들, 지금 유럽이 겪고 있는 많은 문제들이 노동력을 해외 이민자들에게 의존하는 과정에서 생겨난 것 아닌가요? 이처럼 너무 빠른 소멸은 먼 미래의 후손이 사라지기 때문에 문제가 되는 것이 아니라, 소멸 과정을 살아 내야 하는 사람들에게 너무 많은 어려움이 생기기 때문에 문제가 됩니다. 그래서 소멸하더라도 그 속도를 잘 조정하고 적응해야 할 필요가 있습니다.

소멸을 막을 책임, 소멸 속도를 조정할 책임은 전적으로 정치에 있습니다. 그러나 지금은 국가의 문제를 해결하고 사회 갈등을 조정하는 정치 자체가 소멸해 버렸습니다. 인과 관계로 말하자면, 정치가 소멸했기에 대한민국이 속절없이 소멸의 길을 가게 된 것이기도 합니다. 정치의 소멸과 포퓰리즘, 그리고 그것의 한 유형인 팬덤fandom 정치의 등장은 밀접해 보입니다. 정치가 사라진 빈 공간을 포퓰리즘과 팬덤 정치가 빠르게 치고 들어왔습니다. 정치인들은 그에 대항해 정치를 수호하기보다는 거기에 편승해 권력을 탐하는 데 바쁩니다.

지금 한국 정치에서는 시민이 사라지고 팬만 남았습니다. 팬들은 특정한 정치인에 자기의 정치적 비전을 무조건적으로 투영하고 무리를 지어 그를 추종합니다. 성찰적 거리를 둘 여유가 없고, 옳고 그름보다는 이기고 지는 것을 중요하게 여깁니다. 시민들은 다릅니다. 자신이 지향하는 정치적 가치나 생각이 다른 사람들과도 얼마든지 대화하고 설득과 타협, 조정과 배려를 통해 공동체의 방향을 함께 결정하려고 합니다. 상대를 적이 아니라 적수로 여기면서, 그들을 배제하기보다는 민주주의라는 게임의 룰을 지키며 선의의 경쟁을 하려는 것이 시민입니다.

물론 정치에서 어느 정도의 팬덤은 늘 있었습니다. 그리고 스포츠 경기에서의 팬덤 정도라면 괜찮습니다. 그런데 지금의 정치 팬덤은 팬덤을 넘어 컬트 문화의 우상처럼 돼 버렸습니다. 예전에는 정치가 게임처럼 간주되는 것이 걱정이었는데 이제는 오히려 스포츠보다 못한 저잣거리의 패싸움이 됐습니다.

게임에는 룰이 있고 스포츠에는 존중이 있지만 지금 한국 정치에는 그런 것이 없습니다. 상대가 모르면 치트 키cheat key를 써도 되고, 반칙을 해서라도 이기는 것을 우선하고 있습니다. 상대가 반칙을 하면 심판의 판정을 기다리고, 부당한 일이 벌어지면 룰을 개정하는 것이 아니라 이쪽도 그냥 밀어 버리는 겁니다. 지금의 정치에서는 '상대가 반칙하는데 이쪽만 룰을 지키라는 거냐?'는 말을 누구나 서슴지 않고 합니다.

상대를 존중하지 못하겠으면 절차라도 존중하는 것이 민주주의에서의 정치입니다. 그것이 정치의 기본이고 우리의 헌정 질서이기도 합니다. 그러나 지금은 갖은 꼼수로 합법의 틀만 유지하면 다 허용되는 것처럼 여깁니다. 원래 법을 지킨다는 것은 최악을 방지하는 일입니다. 아무리 나쁜 짓을 하려고 해도 이 선을 넘어서는 안 된다는 것입니다. 이 말은, 그 안에서 합법적으로 이루어지는 일은 다 좋은 것이다, 모두 허용되고 그런 일이 만연해도 사회에 아무런 영향이 없다는 뜻이 결코 아닙니다.

같은 법을 가졌음에도 많은 일이 금지된 선에 가깝게 일어나는 사회와, 공동체의 비전이 그 반대 방향에 있어서 많은 일이 법의 제한과는 먼 쪽에서 일어나는 사회, 둘 중 어디에서 민주주의가 더 발전하고 미래가 있을지는 분명할 것입니다. 그런데 지금 우리의 정치는 명확히 전자입니다. 주먹을 휘둘렀지만 때린 사람을 특정할 수 없어 기소할 수 없는 일이 자주 일어난다면, 그래서 공식적으로는 법적 처벌이 전혀 일어나지 않는다면 과연 이 사회는 안전한 사회일까요? 지금 우리 사회는 어떻습니까? 정치는 어떻습니까? 정치가 있기는 한가요?

정치를 처음 시작한 당대표

민주주의에서 선거는 매우 중요한 절차입니다. 현대 민주주의는 많은 경우에 선거의 공정성과 투명성, 투표 결과에 따른 공정한 권력의 배분, 선거 결과에 대한 정당과 시민들의 수용성을 기준으로 그 수준을 평가합니다. 선거란 시민들의 주권이 가장 명시적으로 드러나는 순간이기도 하지요. 그래서 선거가 있는 해의 정치와 민주주의는 그 어느 때보다 활기를 띠게 마련입니다. 첨예한 갈등도 있겠지만 그것이 지나치면 유권자의 선택을 받을 수 없으니 조심스럽게 해야 합니다. 적어도 이 시기의 정치는 다소 혼탁해 보일 수는 있어도 그 존재는 분명하게 드러납니다.

그래서 입법부를 선출하는 총선 시기에, 각 정당의 대표와 정책 책임자들은 선거의 핵심 의제와 주요 공약, 선거의 의미와 구도에 대해 열심히 설명하고 이렇게 저렇게 투표해 달라고 해야 합니다. 또 유권자들은 그에 대해 욕을 하든 편을 들든 이런저런 품평하기에 바빠야 맞습니다. 가까운 사람들과 마주 앉아서 우리 지역에서는 누가 나온다더라, 저 당의 간판은 누구라더라 하는 이야기들을 나누는 것은 실로 정치의 중요한 부분입니다. 한나 아렌트가 말했듯이, 선거는 대표자를 선출하는 최종적 목적과 더불어 그 이벤트를 통해 시민들이 정치에 관심을 갖고 서로 토론하도록 하는 기능을 갖습니다. 전자만큼이나 후자가 중요하다는 것입니다. 그런데 제22대 총선을 앞두고는 그런 정치가 잘 보이지 않았습니다.

여당에서는 새해를 일주일 앞두고 당대표가 한동훈 비상대책위원장으로 교체됐습니다. 그런데 이 당대표는 당대표가 된 날이 정치를 처음 시작한 날이었습니다. 민주화 이후 과연 이런 일이 있었던가요? 그의 지휘 아래 여당이 총선을 치르는데 우리는 그가 생각하는 정치가 무엇인지, 국정 철학과 비전은 있는지, 정치력은 어떤지 알지 못했습니다. 국민은 물론이고 당 내부에서도 당정 관계가 어떻게 될지, 야당과의 관계는 어떻게 풀어 가려는지 알 도리가 없었던 것입니다. 이태원 참사에서 잼버리와 엑스포까지, 정부의 여러 실정에서 무엇이 문제인지, 그래서 무엇을 해결하면 되는지, 서울 강서구청장 보궐선거에서 나타난 대통령의 현실 인식이 타당한지에 대해 한동훈 비대위원장은 어떤 의견도 보여 주지 않았습니다. 대신 그의 취임사는 야당 비판으로만 채워졌습니다. 그런데 '비상'이 걸린 곳은 야당이 아니라 정부와 여당이어서 그가 취임한 것이 아니었던가요? 법무부 장관이면서도 서울-양평 고속도로와 명품 가방 같은 대통령 부인의 의혹에 대해서는 모르쇠로 일관했고 그저 '운동권 야당 심판론'만 앞세웠습니다.

그는 취임사에서 '선민후사先民後私'와 '동료 시민'을 말했습니다. 사사로운 이익보다는 국민을 앞세우고, 모든 국민을 평등한 시민으로 존중해야 한다는 뜻일 겁니다. 그러나 국무위원으로 재직하던 시절 그에게서 국민의 대표인 국회를 존중하는 자세는 찾아보기 어려웠습니다. 여당 국회의원은 존중하지만 야당 국회의원은 존중할 수 없는 것이 국민을 앞세우는 일일까요? '질문의 수준이 낮아서, 악의적이라서 인정하고 싶지 않다'

는 입장까지는 이해할 수 있습니다. 그래도 그 자리에 있는 동안은 국민이 뽑은 대표이고, 법무부 장관은 국회에 출석해 성실하게 답변할 의무가 있는 국무위원입니다. 자신의 입장만 관철하고 선민후사를 적극적으로 하지는 않았습니다.

동료 시민으로서의 연대감은 정치적 견해는 다르지만 민주주의를 지키기 위해 함께 어려움을 이겨 낸 모든 시민들 사이에서 만들어집니다. 정치적 견해는 물론이고, 신분과 재산의 규모에서, 심지어 전쟁을 수행하는 방식에서도 생각이 달랐던 아테네 시민들이 페르시아를 물리치기 위해 보여 주었던 상호 존중의 태도가 바로 동료 시민으로서의 자세입니다.

정당 정치는 한국 민주주의의 근간입니다. 그래서 검사 출신 대통령이 검사를 여당 대표로 파견한 것은 단순히 두 사람의 친분 관계로 이해될 일이 아닙니다. 지금은 대통령이 총재를 지내고 여당의 대표를 마구 갈아 치우고 제 맘대로 하던 군부 독재 시절이 아닙니다. 군인 출신 대통령이 전직 군인들을 측근에 마구 배치하듯이, 검사나 고교 후배들을 여당과 대통령실에 배치할 수 없어야 민주주의입니다.

그런데 이 정부 들어 여당에서는 민주주의를 찾아보기 어렵습니다. 혐의가 불분명하고 사실이 확인되지 않은 이준석 대표를 무리하게 쫓아냈고, 법정 공방 끝에 시작한 전당 대회는 개최 직전에 룰을 바꿨습니다. 그다음엔 안철수, 나경원, 유승민 등 유력 주자들이 차례로 출마를 포기했습니다. 그렇게 '만들어진' 김기현 대표는 용산의 눈치만 보다가 작은 항명조차 묵살당한 채 끝났습니다. 선거로 뽑힌 당대표가 고개를 잠시 쳐들자 대통령실은 그를 사실상 해임하고 공천을 책임질 비대위원장을 임명하다시피 했습니다. 대선의 일등 공신을 자처하고 92대의 버스로 지역구의 지지를 과시한 장재원 의원조차 출마를 포기했습니다. 한국의 정당 민주주의는 이렇게 질식해서 사라지고 있습니다.

야당의 사생결단 의지는 엉뚱한 곳에서 나왔다

야당 상황도 만만치가 않습니다. 지난 대선 이후 야당은 정권의 정치 탄압에 따른 어려움을 호소했습니다. 다수 국민도 '야당 탄압'이라는 프레임에는 고개를 끄덕였습니다. 그러나 야당은 거기서 단 한 발짝도 앞으로 나서려고 하지 않았습니다. 야당을 살려 달라고 했지만, 야당의 존재 이유를 국민에게 납득시키려는 시도는 찾아보기 어려웠습니다. 소멸해 가는 국가를 방치하는 정부에 맞서 더불어민주당이 저출생, 고령화, 수도권 집중, 지방 소멸, 청년의 미래, 기후 위기, 교육 개혁, 일자리 문제를 놓고 사생결단의 정책 대결을 벌이는 일은 없었습니다.

민주당은 수도권 메가 시티론에는 눈치를 보며 여당의 지자체장들보다도 수세적 태도를 보였고, 스스로 수차례 약속한 연동형 선거법조차 주저했습니다. 야당 내에서도 '꼼수 정치를 하고 원칙도 버리는 건 막가자는 정치다. 원칙이 있고 대의명분이 있는 민주당의 길을 가야 한다. 병립으로 돌아가면 국민의힘과 똑같아지는 것이다'라는 목소리가 나왔지만, 지도부의 입장은 마지막에 가서야 나왔습니다.

대신 사생결단의 의지는 항상 다른 곳에서 나왔습니다. 바로 생존입니다. 이 정부 들어서 야당에 대한 수사가 불공정하다는 주장에는 많은 국민이 동의하는 것 같습니다. 그런데 그 야당 대표가 탄압에 항의하는 표시로 단식하고 있을 때 제출된 체포동의안이 국회에서 가결됐습니다. 여당 의석이 112석밖에 안 되는 상황이었습니다. 이재명 대표가 검찰과 싸우는 사이에 당내에서 등에 칼을 꽂았다고 합니다. 그렇게 보일 수도 있습니다. 그런데 이재명 대표가 검찰과만 싸우지 않고 다른 국가적 의제, 사회적 과제와 싸웠더라면 어땠을까요? 그렇다면 더 큰 분노가 가결표를 던진 의원들에게 가해졌을 것입니다. 이재명 대표는 살아야 하지만, 그를 살려야 할 명분을 국민들에게 먼저 주어야 하지 않겠습니까? 명분이 있어야 생존도 가능합니다. 일단 살려는 놓고 봐야 하지 않느냐는 말을 되풀이하기에는 너무 많은 시간이 흐르고 있습니다.

'대통령이 잘못하고 있다'는 평가가 국민의 70%를 넘어서고 있습니다. 그런데 야당 지지율은 여당과 큰 차이가 나지 않습니다. 어찌된 일일까요? 국정 지지율은 현직 대통령에 대한 평가입니다. 정당 지지율은 차기 수권 세력으로 누구를 생각하느냐에 대한 평가입니다. 여기서 야당은 여당을 압도하지 못하고 있습니다.

정당이 바로 서야 소멸을 막을 수 있다

소멸 직전의 나라와 정치를 복원하려면 정당이 강하게 바로 서야 합니다. 특히 대통령제인 한국에서는 정당 내에서 유력 대선 주자들의 영향이 큽니다. 주요 정당의 대표들이 잘해야 하는 이유입니다. 다음 집권당이 진보가 되든 보수가 되든 그건 국민의 뜻입니다. 누가 되어야 하고 누구는 절대 안 된다는 법은 없습니다. 그러나 다음 정부도 지속적인 국민의 지지를 받지 못하고, 정부의 국정 운영 능력이 의심받는다면 소멸하는 한국 사회를 되돌리기란 사실상 어려워질 것입니다. 그것이 걱정입니다.

압축 소멸 사회

정치를 거부한
대통령이 선거에
미치는 영향

'대파' 총선이었습니다. (대통령의) 대파로 (정부·여당이) 대파된 총선이라고도 합니다. 그런데 대통령실에서는 단지 실수였다거나 운이 없었다는 정도로 받아들인 것 같습니다. 2024년 4월 16일, 윤석열 대통령의 국무회의 머리 발언을 보면 지난 2년 동안 대통령이 잘못한 것은 없습니다. 대통령의 국정 방향은 옳았는데 공무원들의 집행 과정에서 실수가 있었다고 합니다. 대통령은 옳은데 정부가 대통령의 뜻을 제대로 받들지 못해 나라가 이 지경이 되고 여당도 선거에서 진 것입니다. 결과를 그렇게 해석하면 대통령은 반성할 것도, 바꿀 것도 없습니다. 아랫사람들의 잘못입니다. 그런데 과연 국민들도 그렇게 생각할까요?

여야의 마이 웨이

제22대 총선에서는 어떤 하나의 흐름이 내내 판을 좌우했다기보다는 여러 변곡점들이 있었습니다. 2023년 말까지 여야는 모두 내홍을 겪고 있었습니다. 더불어민주당에서는 이낙연, 국민의힘에서는 이준석이 내몰렸습니다. 두 당에서 공히 전직 당 대표들이 지난 대선 후보들에게 밀려난 모양새였습니다. 이쯤 되면 정당 정치라는 게 참 허무할 정도입니다.

연초에 여야의 당내 주류가 총선을 앞두고 각각 입지를 강화하는 동안 대통령의 낮은 국정 지지율은 여당에 큰 부담이었습니다. '작은 파우치'가 모든 것을 삭제해 버린 KBS의 대통령 신년 대담은 총선에서 대통령이 여당에 미칠 리스크를 잘 보여준 사건이었습니다. 그런데 막상 선거가 다가오자 지지율에서 먼저 주춤거린 쪽은 민주당이었습니다. 2월과 3월에 걸친 공천 기간 내내 민주당은 심각한 내부 갈등을 겪었고 지지율도 하락했습니다. 그대로 간다면 총선에서 정권 심판론이 사라질 뻔했습니다. 대통령 지지율과 상관없이 3월 초의 여야 지지율은 박빙이었습니다. 바로 그때, 대통령이 대파를 들고 전면에 나섰습니다. 모든 것이 달라졌습니다. 거기에 한 술 더 떠서 채 상병 사건의 가장 중요한 피의자인 이종섭 전 국방부 장관을 국외로 도피시키는 시도까지 했습니다. 선거는 그것으로 끝이 났습니다.

결국 정권 심판론으로 끝난 총선은 이런 우발적인 국면의 변화가 이끌어 낸 결과일까요? 그런 측면도 전혀 없다고는 볼 수 없습니다. 출렁이는 정치적 변화의 흐름 속에서 정부·여당이 하강세를 그릴 때 하필이면 총선 투표일이 다가온 것이라고 생각할 수 있지요. '그러니 총선에서 졌다고 의기소침할 것이 아니다. 운이 좀 없었다. 앞으로 대통령을 중심으로 흔들림 없이 앞으로 나아가다 보면 결국은 다음 지방 선거와 대선에서는 오히려 기회가 올지 모른다. 이번 총선에서 진 것이 다음 대선에서 도움이 될지 모른다. 지난번에도 총선에서 졌지만 대선에서는 이기지 않았는가.' 이런 생각을 할 수도 있을 겁니다.

대통령 부부에게 패배 원인 '몰빵' 말자

그런데 제22대 총선에서 또 하나 주목할 지점은 '무엇에 대한 심판이었나' 하는 것입니다. '윤석열 정부에 대한 심판'이라고 해도 그 구체적 내용에 대한 해석은 다양한 관점과 층위에서 가능합니다. 그중에서 먼저 지양해야 할 것은 한 보수 신문이 주장한 '모든 문제의 시작과 끝에 윤 대통령 부부가 있었다'는 식의 개인사적 평가입니다. 정치의 사사화이지요. 그러나 한국의 총선처럼 다수 국민이 참여하는 민주주의의 과정은 그런 작은 일에 좌우되지 않습니다. 항상 구조적 원인과 사건사적 원인이 중첩돼 나타나기 마련입니다.

민주화 이후 주요한 선거에서 나타난 변수는 층위에 따라 정책, 이념, 국정 운영 능력이라는 세 가지로 나누어 볼 수 있을 것입니다. 먼저 정책은 이번 의대 증원 문제나 연금 개혁, 부동산 정책 등 어느 정당이 집권하든지 필요할 때 국가가 수행해야 하는 과제들을 제대로 수행할 수 있는지 하는 정책 역량의 문제입니다.

이념은 남북 관계를 둘러싼 외교, 과거사에 대한 대응, 조세나 복지, 노동 분야에서 어떤 이념 지향을 갖고 통치에 임하느냐의 방향성 문제입니다. 여기에는 시대적 변화와 발전, 시장과 국제 질서 등 환경의 변화에 따라 필요하고 또 국민들에게 선호되는 지향점이 있기 마련입니다. 예를 들어 남북 간 화해·협력을 지향한 정부의 외교가 결과적으로 실패하면, 북한을 포함한 사회주의 국가들에 대한 적대적 외교 정책이 다시 힘을 얻게 되는 경우가 있습니다. 또 과도한 친기업·친재벌 정책으로 사회경제적 불평등이 심화하면 노동과 복지를 중요시하는 정부가 들어서서 균형을 잡기도 합니다.

마지막으로 국정 운영 능력은 정부를 장악한 정치 세력이 국가를 운영할 수 있는 기본적인 정치적 역량을 갖고 있는지의 문제입니다. 국정 운영에는 최소한의 행정적 능력과 정책적 비전도 필요하지만 민주 국가에서는 야당과의 소통과 협치, 시민들의 참여 확대, 국민의 감정과 요구를 파악하려는 의지와 실천도 필수적입니다. 이런 정치적 능력은 일상적인 상황에서도 발휘돼야 하지만 비상한 상황에서는 그 역량 차이가 더 쉽게 드러납니다.

2020년과 2024년에 치러진 두 번의 총선, 그리고 지난 2022년 대선은 사실상 이 세 번째 역량에 대한 평가에서 승부가 났습니다. 지난 2020년 총선을 앞두고 문재인 정부는 부동산 정책과 검찰 개혁에 실패하고 있었지만, 남북·북미 정상 회담 등 외교적 실적으로 그럭저럭 버티는 상황이었습니다. 그러나 코로나19 팬데믹이 시작되자 문 정부의 국정 운영 능력은 박근혜 정부의 무능을 상기시켰습니다. 총선 결과는 정책적 실패와 이념적 성공의 엇갈린 평가 속에서 국정 운영 역량의 차이가 판가름했지요.

그러나 문 정부 국정 지지율의 고공 행진은 오래가지 못했습니다. 부동산값 폭등의 실체가 드러나자 백약이 무효했습니다. 결국 문 정부는 정권 재창출에 실패했습니다. 부동산 정책이 처음 잘못됐을 때는 정책적 수준의 문제였지만, 임기 후반까지도 잘못된 정책을 지속하고 성찰·반성·사과를 하지 않은 것은 국정 운영 능력의 부족을 의미했습니다. 검찰 개혁은 성공하지 못했을 뿐 아니라 그 과정에서 정치적 무능도 노출했습니다. 그 결과 2022년 대선의 승리는 보수 후보에게 돌아갔습니다.

2024년 총선을 앞두고 윤석열 정부도 이와 비슷한 모습을 보여 줬습니다. 이 정부에서 보여 준 정책들은 국민적 지지를 받은 경우가 거의 없었습니다. 뉴라이트에 기울어진 이념적 편향성은 국민적 동의도 얻지 못했고, 외교적으로도 별다른 수확이 없었습니다. 화물연대 파업을 강경 진압해 보수 결집에는 성공했지만 홍범도 동상 문제로 인해 중도층까지 돌아설 정도였습니다. 국정 운영 능력의 부재는 곳곳에서 드러났습니다. 이태원 참사, 잼버리 사태, 엑스포 유치 실패, R&D 예산 삭감 등으로 무능 이미지를 착실하게 구축했습니다. 의대 증원은 정책적으로는 지지받았지만 그 과정에서 2024년 하반기까지 겪고 있는 의료 대란은 불통과 무능으로 연결됐습니다. 총선을 앞두고 대파로 상징되는 물가 관리 실패는 사실 여부와 관계없이 무능 이미지에 확실한 종지부를 찍었습니다.

다중 위기 해법 역량 갖춘 세력은?

최근의 총선과 대선에서는 민주당이 두 번, 국민의힘이 한 번 웃었습니다. 국민에게 부정적 평가를 받은 정권과 정당이 물러나고 행정부와 입법부가 다른 정치 세력으로 교체되는 일이 일어나는 것은 좋은 일입니다. 선거를 통한 민주주의가 작동한다는 증거이기 때문입니다.

그러나 이처럼 형식적 민주주의가 작동하는 가운데서 우리 국민의 삶이 나아지는 것 같지는 않습니다. 국가의 미래도 밝아 보이지 않습니다. 무엇보다 인구 소멸, 지역 소멸, 기후 위기, 안보 위기, 산업 전환, 노동과 복지의 위기 등 다중 위기에 대한 해법을 제시하고 이를 실현할 역량을 가진 수권 세력이 나타나지 않고 있기 때문입니다. 선거를 통해 새로 교체된 세력이 그 이전보다 나은 역량을 보여 주지 못하는 민주주의는 제자리걸음을 할 뿐입니다. 변화하는 세계에서 제자리걸음을 하는 국가는 사실상 퇴보하고 있는 것이나 마찬가지입니다.

왜일까요? 선거를 통한 민주주의는 작동하지만 정치가 사라져 버렸기 때문입니다. 정치가 사라졌다는 증거는 2024년 총선 직후의 상황에서도 쉽게 찾아볼 수 있습니다. 민주화 이후 한국 정치에서 보수 세력이 이렇게 크게 패배한 경우는 없었습니다. 그렇다면 총선 직후 그에 합당한 정치적 반응이 있어야 정상입니다. 정치가 살아 있던 시기라면 이런 대안을 예상해 볼 수 있었을 겁니다. 대통령의 대국민 사과, 대통령실과 내각의 총사퇴, 취임 후 2년 동안 한 번도 만나지 않은 야당 대표와의 대화, 야당에 대한 적극적 협치 제안, 연립 정부나 거국내각에 대한 구상, 필요하다면 임기 단축을 포함한 개헌에 대한 고려까지 대통령이 고려하고 선택할 수 있는 정치적 대안은 많습니다.

이런 일들은 '민주주의'가 강제하는 것이 아니라, 민주주의라는 제도 안에서 '정치'가 스스로 풀어 가는 것입니다. 민주적 선거의 결과를 놓고 정치적 역량이 발휘되는 시기가 바로 이때입니다. 정당과 정치인들 스스로가 결정하고 만들어 나가야 하는 범주의 일들입니다. 그러나 대통령은 변하지 않았습니다. 지금은 국민은 물론이고 언론도 어떤 변화를 기대하지 않는 것 같습니다. '정치'적 발상 자체가 소멸해 버렸기 때문입니다.

언제부터일까요, 정치가 사라져 버린 것은? 정치가 사라지고 있다는 흔적은 꽤 오래전부터 찾을 수 있습니다. 노무현 대통령이 임기 말에 선거 제도 개혁을 걸고 대연정을 제안했을 때, 이것은 당장의 정치적 이익보다 국가의 장래를 우선한 정치적 결단이었습니다. 그러나 당시 박근혜 대표는 이를 간단히 거절했습니다. 이명박 대통령은 아예 여의도 '정치'에서 거리를 두겠다고 천명했습니다. 그는 한국에서 정치 혐오를 최초로 정치에 활용한 대통령이었습니다. 정치를 거부한 대통령에게 협치를 기대할 수는 없었습니다. 박근혜 대통령은 불통과 무능의 대명사였습니다. 마음에 들지 않으면 측근들이라도 레이저 광선을 피해 갈 수 없었고 주변을 둘러싼 이상한 사람들의 장막 속에서 헤어 나올 줄 몰랐습니다. 탄핵 당시 국민들에게 보여진 박근혜 대통령은 구중궁궐의 공주였을 따름입니다.

희망은 촛불에 있었습니다. 국민이 다시 정치의 전면에 나섰기 때문입니다. 촛불로 박근혜 전 대통령이 탄핵되고 불과 두 달 뒤 치른 선거에서 문재인 후보는 겨우 41.08%를 득표했습니다. 촛불에 찬성한 국민은 90%가 넘었지만 문 후보를 찍은 국민은 둘에 하나도 안 됐습니다. 말 그대로 촛불정부와 탄핵 연립 내각이 필요한 상황이었습니다. 그러나 문 정부는 그 선택을 하지 않았습니다.

압축 소멸 사회

다음 대선에서 윤석열 후보는 겨우 0.73%포인트 차이로 승리했습니다. 그런데 통치는 마치 90% 정도의 지지를 받은 대통령처럼 했습니다. 야당을 전혀 인정하지 않았고 그렇다고 국정에 대한 책임감과 역량이 탁월한 것도 아니었습니다. 그리고 총선에서 참패했습니다. 그런데도 국정 쇄신의 의지는 보이지 않습니다. 민주화 이후 처음으로, 임기 내내 국회에서 여당이 소수 정당인 정부가 확정된 상황입니다.

소멸해 버린 나라에서 무엇을 통치하려나

제22대 국회가 정말 걱정입니다. 정부와 여당은 정치에 나설 생각이 없고 그렇다고 야당이 적극적으로 협치를 추진하거나 국정의 책임을 자임할 것 같지도 않습니다. 정치가 소멸하면 정치를 하려는 사람들은 고통스럽겠지만 다만 권력을 쥐려고 하는 사람들에게는 별 의미가 없는 일일지 모릅니다. 그러나 정치가 소멸한 결과는 정치의 소멸에 그치지 않습니다. 그 징조는 여러 군데서 나타나고 있습니다. 대한민국은 한없이 표류하는 중입니다. 이렇게 몇 년을 허비해 버리고 나면 다시 정치가 살아나기 전에 벌써 이 공동체가 소멸의 길로 들어설지 모릅니다. 소멸해 버린 나라에서 권력자들은 누구를, 또 무엇을 통치하려는 걸까요?

대한민국
계파 정치는
왜 변질되었나

지금의 한국 정치가 왜 이렇게 되었을까요? 선거 제도나 권력 구조, 정당 정치의 퇴조, 미디어 환경의 변화, 전 세계적 포퓰리즘의 흥기 같은 것들이 원인이 될 수 있을 겁니다. 그러나 이런 것들의 결과로 눈에 띄는 한 가지 변화가 있습니다. 정치에서 상대를 경쟁자가 아닌 적으로 보고 배제하거나 말살하려는 경향이 아주 강해졌다는 것입니다. 정당 간에 이런 격렬한 대결이 나타나는 것은 이념적 갈등이나 사회적 균열의 심화, 정치적 상황에서의 우연적 계기, 여야 지도자들의 스타일에 영향을 받을 수도 있습니다.

그러나 한때 한국 정치에서 '협치'가 적어도 하나의 미덕으로 인정받았던 것을 생각하면 상당한 변화입니다. 협치가 실제로 되든 안 되든 압도적 다수의 국민들이 그것을 원했고, 정치인들도 그것을 지향하는 척이라도 했습니다. 국민들이 정치인들에게 원하는 것 중 하나는 '제발 좀 싸우지 말라'는 것이었지요. 그런데 요즘에는 이런 분위기가 싹 사라졌습니다. 지금은 정말로 격렬하게 싸웁니다. 과거에도 싸웠습니다. 그런데 과거에는 싸움의 목적이 '대화를 하자'는 것이었는데 지금은 그렇지 않습니다. 대화할 생각이 없는 상태에서 그냥 싸웁니다. 이건 정치가 아니지요. 한때는 정치에서 '야합'이 문제였는데 이제는 그것이라도 그리운 정도가 되었습니다.

그런데 여기서 한발 더 나아가 정당 간 갈등 못지않게 격렬한 것이 당내 계파 싸움입니다. 과거에는 어떤 정파적 이해관계 혹은 거물급 정치인들이 서로 잠시 충돌하는 정도에서 그치고, 누군가 중재하면 적절한 타협이 이루어지는 것이 일반적이었습니다. 그런데 소위 '친○'이라는 수식어가 등장한 이후로는 같은 당 안에서도 정치적 생명을 완전히 끊어 놓을 것 같은 대결이 펼쳐집니다. 그뿐이 아닙니다. 여기에 포퓰리즘과 팬덤 정치가 더해지자 이제는 정치인들 간의 싸움을 넘어 당원과 지지자들까지 합세한 '패싸움'의 양상을 띠고 있습니다. 문제는 이것이 정당 정치는 물론이고 민주주의를 위협하고 있다는 것입니다.

정치는 세력이고, 세력은 곧 사람

모든 정치는 세력을 중심으로 이루어지고 그 세력이란 대체로 특정한 사람, 곧 정치인을 중심으로 형성됩니다. 이것은 민주주의 이전과 이후를 따질 것 없이 동서고금의 정치 공동체에서 늘 있었던 일입니다. 그런데 이 세력이란 무력이나 가치만 있다고 해서 잘 형성되지 않습니다. 예를 들어 기득권 세력의 구조화된 착취, 그것을 뒷받침하는 강고한 계급 질서, 통치 세력의 부정·부패·무능 등에 저항하는 반대 세력이 형성될 만한 조건이 형성된 적은 많습니다. 하지만 그런 조건에서 곧바로 새로운 정치 세력이 나타나는 것은 아닙니다. 중심이 되는 '사람'이 누구냐, 흔히 하는 말로 '누가 깃발을 드느냐'는 역사에서 항상 중요한 문제였습니다.

이것은 현대 민주주의, 그리고 정당 정치에서도 마찬가지입니다. 우리의 경우만 살펴봐도 특정 정치인을 중심으로 무리가 형성된 것은 건국 당시부터였습니다. 초대 대통령 이승만은 외교 부문에서 빼어난 독립운동가였고 미군정과도 밀접한 관계를 유지하고 있었지만 국내 정치 기반이 약했고 정당 정치에서는 확실한 비주류였습니다. 개인적 인지도나 지지도는 압도적이었지만 자신을 뒷받침해 줄 강력한 세력이 부재했던 것입니다. 그래서 이승만은 이범석을 시켜 '조선민족청년단'을 결성했고, 자유당을 창당한 이후로는 '족청계'라는 정치적 계파를

압축 소멸 사회

통해 강력한 힘을 갖게 되었습니다. 그렇게 8년 동안 이승만은 이 족청계를 십분 활용한 뒤 나중에 원내 자유당이 자신의 손에 들어오자 이기붕을 발탁하고 이범석을 숙청하면서 사실상 해체시켰습니다. 처음부터 아주 냉혈한 계파 정치의 진수를 보여 줬다고나 할까요?

이승만 이후에도 계파 정치는 계속 나타났습니다. 쿠데타로 집권한 박정희마저도 계파 정치에서 자유롭지 못했습니다. 처음에는 물론 강력한 개인적 카리스마를 발휘했지만 공화당에서는 김종필계가 등장했습니다. 2인자를 불편해한 박정희는 구 이기붕계를 중심으로 4명의 당내 의원들을 집중 지원하면서 직속 세력을 확보하려 했습니다. 그러나 오히려 이들이 자신들의 힘을 과대평가한 나머지 오치성 파동을 일으키자 무력으로 진압해서 숙청해 버리지요. 그리고 다시 김종필계가 재등장하지만 여전히 관계는 껄끄러웠고 결국 유신을 통해 자신의 친위 정당인 '유신정우회'를 만들고야 맙니다.

야당이라고 늘 일치단결했던 것도 아닙니다. 1960년대 신민당 총재였던 유진산이 '진산계'라는 강력한 파벌을 형성했는데 김영삼과 김대중이 모두 이 계파에 속해 있었습니다. 약 10년간 지속된 진산계가 사라진 뒤에는 김대중, 김영삼이 두각을 나타냈지만 '이철승계'도 상당한 세력을 갖고 있었습니다. 1970년대 후반이 되면 김대중의 '동교동계', 김영삼의 '상도동계'가 야권의 핵심으로 등장합니다. 이 두 세력은 1980년대와 1990년

대까지 정치계를 풍미했습니다. 두 대통령의 집권기에는 말 그 대로 핵심 중의 핵심, 실세 중의 실세였습니다. 그 계파에 속해 있고 내부에서 존중을 받는다면, 특별한 공적 지위에 올라 있 지 않다고 해도 엄청난 권력을 가질 수 있었습니다.

2000년대에 들어서 노무현 정부 시기에 처음 '친노'라는 표 현이 등장했습니다. 'OO계'에서 '친O'으로의 언어 변화가 일 어난 셈인데, 언제 처음 쓰였는지는 확실치 않습니다. 아마도 용어들이 짧아지는 추세와도 관련이 있어 보입니다. 어쨌든 친 노 이후에는 '친'이 확실히 자리를 잡았습니다. 대표적인 것이 '친이', '친박'입니다. 이후 '친문'을 거쳐 '친윤'까지 총 5명의 대통령이 '친O'을 형성했습니다. 지금 야당에서는 이재명 대 표의 세력도 '친명'으로 불립니다.

'윤핵관'이 '친윤'으로 변화하는 과정은 한국 정치에서 소위 '친O'이 형성되는 과정을 잘 보여 줍니다. 윤석열 대통령은 문 재인 정부의 검찰총장을 지냈는데, 박근혜 대통령을 사실상 기 소하고 감옥에 보낸 사람이기 때문에 정치에 입문할 때 보수 정당 내에 기반이 거의 없었습니다. 보수 세력의 후보가 되기 위해서는 당내에서 힘이 되어 줄 사람들이 필요했지요. 처음 몇몇 정치인들이 윤석열 후보에게 접근했지만 계파를 형성할 만큼 큰 세력은 아니었습니다. 그래서 익명의 '핵심 관계자'들 이 언론에 등장할 때 이들은 '윤석열의 핵심 관계자', '윤핵관' 이라고 불렸습니다. 윤석열 대통령이 집권에 성공하고 당내에서 확고한 주류가 되자 친윤이라는 표현이 보다 자연스러워졌습니다. 총선을 거치고 한동훈이 여당의 대표가 되자 이제 '친한'이라는 표현도 등장했습니다.

이쯤 되면 한국 정치에서는 '친○'이라는 표현은 과거에 '○○계'처럼 큰 세력을 지속적으로 형성할 수 있는 큰 정치인 중심의 무리가 아니라, 단기적으로 당내에 영향력을 발휘할 수 있는 정치인과 그 세력을 가리키는 일상적 용어가 된 것 같습니다.

이렇게 길게 한국 정치사의 계파사와 '친○'이라는 최근의 현상을 되돌아본 것은 계파 정치를 비판하기 위해서가 아닙니다. 오히려 이런 정치적 세력의 형성이 무조건 잘못된 것이라든지, 이례적인 일이라는 식의 오해를 불식시키기 위해서입니다. 특정한 정치인을 중심으로 정치 세력이 형성되는 것은 자연스럽고 필요한 일입니다. 다만 문제는 그 내용입니다.

가치와 비전이 사라진 계파

정치는 기본적으로 가치의 지향과 그 가치를 실현할 수 있는 권력의 획득이라는 2가지 요소를 필수적으로 요구합니다. 정치 세력의 형성도 마찬가지입니다. 그런데 현재의 '친○'과 과거의 계파를 비교하면 큰 차이가 있습니다. 예전에는 가치와 권력이라는 2가지 요소가 모두 있었다면, 최근에는 가치가 사라져 버렸습니다. 계파가 질적으로 나빠진 것입니다.

예전의 정치적 계파에는 정치적 가치와 노선이 있었습니다. 1950~1960년대에 정치인들의 무리는 분단에 대해, 민족주의에 대해, 반공주의에 대해, 자본주의에 대해 각자의 다른 생각이 있어서 형성되었습니다. 그렇게 생각이 다른 사람들이 서로 무리를 이루고 그중 한두 명의 지도자가 정치 세력의 중심이 되었습니다. 1960~1970년대 여당에서는 권력에 대한 쟁투도 있었겠지만, 통치의 방식을 놓고 강경파와 온건파 간의 갈등도 중요한 변수가 되었습니다. 야당의 정치적 계파는 독재와의 투쟁 노선에 대한 차별적 인식에서 출발했습니다. 근대화와 정치적 안정을 위해 정부·여당과 타협적 노선을 견지할 것인지, 강력한 투쟁을 할 것인지, 경제 정책과 통일 정책은 어떻게 할 것인지 등의 견해 차이가 계파의 차이를 만들었습니다. 1970년대부터 형성되어 1990년대까지 존속했던 동교동계, 상도동계는 말 그대로 민주화의 두 투사를 중심으로 세력이 형성되었습니다. 그를 따르는 무리들의 고향이 지도자와 유사하다는 측면도 있었지만 모든 사람이 그런 것은 아니었습니다. 이들은 민주화라는 목표를 위해 경쟁도 하고 협력도 하면서 나중에 앞서거니 뒤서거니 대통령을 지냈습니다.

동교동계와 상도동계는 계파는 달랐지만 성격은 비슷했습니다. 김대중, 김영삼이라는 지도자들은 대단히 특별한 카리스마와 정치적 비전, 굳은 의지를 가지고 있었습니다. 이들은 독재 권력에 감시당하고, 연금되고, 정치적 테러를 당하고, 사형 선고까지 받기도 했습니다. 심지어 이들 옆에 있는 것만으로도 누구나 목숨을 위협당할 정도의 위험을 감수해야 했습니다. 고문과 같은 극단적 탄압을 받는 것은 물론이고 사법적 수단을 통해 사형이나 무기징역을 받기도 했습니다. 이런 계파는 말 그대로 생사를 같이한 동지라고 할 수 있지요. 권력만 좇고 가치를 공유하지 않는다면 하기 어려운 일들입니다.

생사를 함께했던 독재 때와 같다고 할 수는 없지만, 노무현 대통령과 '친노'에도 유사한 성격이 있습니다. 정치인 노무현은 민주화를 위해 투쟁한 경험이 있는 사람들, 서민과 약자를 위한 정치에 대해 신념이 있는 사람들을 동지라고 불렀습니다. 특히 지역주의 극복이라는 필생의 목표를 위해 고락을 같이한 사람들이 '친노'의 핵심이었습니다. 힘들게 종로에서 당선되었는데 다시 또 부산에 도전해서, 노무현만 낙선하는 것이 아니라 자기들까지 모두 실업자가 되는 것을 마다하지 않았던 동지들이 바로 친노였던 것입니다. 이들이, 나중에 노무현이 대통령이 되면 더 높은 지위와 권력을 누릴 것을 기대해 그런 선택을 했다고 말할 수는 없을 것입니다.

그런데 이런 계파가 친이와 친박의 시대를 거치며 상당히 변질되기 시작했습니다. 가치를 중심으로 생사와 고락을 같이해 계파가 되는 것이 아니라, 순전히 권력 획득을 위한 패거리 집단이 되어 버린 겁니다. 이 패거리 집단에서는 '친함'이 곧 권력이 되었습니다. 대통령이 비리와 불법을 저지르고 형과 권력을 사적으로 나누는 그 내밀한 과정에 개입한 사람들이 '친이'로 불렸습니다. 대통령을 '누나'라고 부를 수 있다고 자랑한 정치인은 '친박'을 넘어선 '진박'이라고 자임할 정도였고 다른 정치인들은 그를 부러워했습니다.

이런 정치인들에게 주어지는 것은 과거와 같은 명예와 긍지가 아니라 '공천'과 '자리'라는 실질적 보상이었습니다. 과거에 김대중 대통령이 당선되자 동교동계는 정치 일선에 나서지 않겠다고 선언하기도 했습니다. 노무현 대통령이 어려운 상황에 처했을 때 친노는 2선 후퇴를 선언하고 측근들이 물러서기도 했습니다. 그러나 친이, 친박의 시대에는 청와대의 핵심 자리와 공천이 충성의 대가로 유감없이 주어졌습니다. 얼마나 열심이었는지, 박근혜 대통령은 나중에 공천 개입이 탄핵 사유가 되었을 정도였습니다.

이때 이후로는 '친○'에서 더 이상 정치적 가치를 찾아보기 어렵게 되었습니다. 친소 관계가 곧 계파를 의미했고, 정치적 비전이나 가치가 달라도 정치적 이익이나 의리 관계가 형성되면 금방 '친○' 무리에 속할 수 있었습니다. 대선에서 승리한 당선자들은 곧잘 국민의 대통령이 되겠다고 했지만 실제로는 그 정당의 대통령도 되지 못했고, 정치적 권력이나 국정 운영은 소수의 '친○'을 중심으로 이루어졌습니다.

이런 계파의 성격은 지금 여야를 가리지 않는 것 같습니다.

지난 2023년 재보궐 선거 전후, 김포시 서울 편입 문제에 대해 민주당이 보여 준 애매모호한 태도는 참으로 이해할 수 없는 것이었습니다. 국민의힘 쪽의 유정복, 홍준표, 서병수보다 미온적인 태도를 보인 민주당에서는 이견도 잘 나오지 않았습니다. 아무리 계파가 같아도, 이런 중대한 사안에 대해서는 내부 공방이 있을 만도 한데 그런 일은 없었습니다. 총선을 앞두고 상당한 공천 갈등이 있었지만 정책이나 가치를 두고 그런 치열한 경쟁이 일어난 것 같지는 않습니다. 이 공천을 놓고 일부에서는 혁신 공천이니, 친명 공천이니 말이 많지만 사실 그런 규정이 중요한 것은 아닙니다. 명칭이 무엇인지는 상관없습니다. 다만 당대표와의 친소 관계가 계파를 가르는 기준이 된다면, 정당 정치 차원에서 걱정스러운 부분이 될 수밖에 없습니다.

계파의 내용이 곧 정치의 수준

지금 친윤과 친한 사이에 어떤 정책적 논쟁이나 토론이 있습니까? 지금 친명과 비명 사이에 특정한 입법이나 미래 비전을 놓고 갈등이 있나요? 예를 들어, 기후 위기에 대한 대응이나 경제 정책이나 균형 발전에 대한 차이가 이러한 계파의 차이를 만들고 있습니까? 지난 몇 년 동안은 그렇지 않았던 것 같습니다.

친소 관계가 아니라 정책에 대한 이견이 하나의 집단을 형성하는 것은 자연스럽고 필요한 경쟁입니다. 상대 정당과는 거리가 있지만 그렇다고 하나의 정당에서 하나의 목소리만 나올 수는 없습니다. 이것은 특히 양당제가 고착화되고 있는 우리 정치에서는 다양성의 차원에서 매우 중요한 부분입니다. 계파가 정치적 가치와 비전을 중심으로 형성되고, 그 과정에서 토론과 논쟁, 신념과 고락을 함께한다면 그런 계파는 우리 정치의 희망입니다. 가치가 다른 세력들 간의 경쟁은 피할 수 없고, 그러한 논쟁이 집단적으로 이루어진다면 그것은 정말로 바람직합니다. 그런 세력이라면 나중에 집권하더라도 계파주의에 너무 물들지 않도록 자기 경계를 할 수도 있고, 가치를 실현하기 위해 기득권을 포기할 수도 있을 겁니다.

그런데 지금의 계파는 어떻습니까? '권력' 그 자체가 목적 아닌가요? 순전히 권력을 획득해 그것을 나누자고 하는 무리들의 계파라면 같이할 때는 맹목적으로 친분을 과시하고 충성하다가 헤어질 때는 노골적으로 서로를 비난합니다. 여기에 정책이나 정치가 들어설 자리가 없습니다. 이런 계파 갈등은 순전한 권력 투쟁에만 몰두하고, 한 개인에게 과도하게 권력을 집중시키며, 비민주적 행태와 눈살 찌푸려지는 언행을 일삼아 종래에는 무당파와 중도층에게 정치 혐오를 불러일으킵니다. 이런 계파는 경선에서는 도움이 되겠지만 대선과 같은 큰 선거에서는 오히려 결점이 되기도 합니다.

그럼 우리는 어떻게 이런 계파 정치를 바꿀 수 있을까요? 가장 먼저 시작되어야 할 것은 계파 정치에 대한 판단을 우리 언론이나 시민들이 제대로 하는 것입니다. 언제부턴가 우리는 계파 정치를 하나의 게임이나 가십처럼 여기기 시작했습니다. 선거나 정치가 민주주의에서는 하나의 게임적 요소를 갖고 있으니 그 자체가 나쁘다고는 할 수 없을 겁니다. 그러나 그 계파가 무엇을 추구하는지, 계파들 사이에 어떤 질적인 차이가 있는지를 살피는 것은 중요합니다.

사실 저는 이렇게 말하고 싶습니다. '정당들 간의 협치 없이는 정치가 불가능하고, 정당 정치가 좋아지기 위해서는 먼저 그 정당 내부의 정치가 건강해져야 한다. 당내에서 서로 경쟁하는 계파가 먼저 제대로 서야 한다. 계파가 정책과 가치를 두고 싸운다면 우리의 정치는 아직 희망이 있다'고 말입니다. 그러면 정치에 대해서도 이렇게 말할 수 있지 않겠습니까? '그 나라 정치의 수준은, 정치인들의 계파가 무엇을 중심으로 형성되어 있는가를 보면 알 수 있다.'

정치와 행정이
사라진
검찰 공화국

영국의 정치학자 버나드 크릭Bernard Crick은 정치를 '다른 사람의 이야기를 들어 여러 공적인 사안들을 조정하는 것'이라고 했습니다. 그에게 정치란 이견을 '조정'하는 것입니다. 그런데 그 전에 다른 사람의 이야기를 '듣는 것'이 필수적입니다. 내 의견만 말해서는 정치가 이루어질 수 없기 때문입니다. 권력을 가진 한 사람만 발언한다는 것은 독재의 강력한 징후입니다. 그런 곳에서는 정치가 소멸하게 됩니다. 정치가 소멸해도 별일이 없다면 괜찮습니다. 그러나 정치의 소멸은 생각보다 많은 곳에 영향을 미칩니다. 현대 사회에서는 특히 행정에 치명적인 영향을 미칩니다.

정치가 소멸하면 행정이 움직이지 않는다

정치가 없어야 행정이 더 씽씽 돌아가지 않느냐고요? 그런 말을 하는 사람들이 있습니다. 그러나 그건 하나만 알고 둘은 모르는 이야기입니다. 지금의 행정은 전근대 사회처럼 일방적으로 집행될 수 없기 때문입니다. 국민의 눈높이에 맞는, 국민이 원하는 행정이 되기 위해서는 정치와 행정, 어공(어쩌다 공무원)과 늘공(늘 공무원) 사이에 많은 대화가 오가야 합니다. 심지어 행정과 국민들 사이에서도 끊임없는 상호 작용이 있어야 합니다. 국민이 납득할 수 없는 행정이 집행될 수 없다는 것은 민주주의에서 상식입니다. 그래서 정치가 행정을 납득시키지 못하면 정책이 집행되지 않을 뿐 아니라 일선의 행정도 움직이지 않습니다.

지금 윤석열 정부에서 나타나는 많은 부분이 그렇습니다. 이태원 참사, 잼버리 사태, 엑스포 유치 실패 등이 바로 그 예입니다. 정부의 행정 능력, 위기 대응 능력에 상당한 문제가 있습니다. 과연 정치의 소멸이 구체적으로 어떻게 행정의 무능으로 이어지는 것일까요?

'검사-관료' 체제가 수립되다

우리는 최초의 검사 출신 대통령을 뽑았습니다. 전 정부의 검찰총장이 곧바로 야당의 대선 후보를 거쳐 대통령이 되었습니다. 그래서였을까요? 통치의 방식도 신선(?)했습니다. '행정은 관료에게 맡기고 검사가 부정을 감시하면 통치는 이루어진다'는 현대판 '무위지치無爲之治'입니다. 검사 출신 대통령이 북극성처럼 자리를 지키고 측근 검사들이 뭇별처럼 그 주변을 호위하면 세상은 북극성을 중심으로 아름답게 운행하는 것이겠지요.

이 '검사+관료' 체제는 윤석열 정부의 첫 장관 임명 전, 차관들을 전원 남성 관료 출신으로 먼저 일괄 임명할 때 그 실체가 잘 드러났습니다. 윤석열 대통령은 본인처럼 '시험'을 거쳐 선발된 행정과 사법 엘리트들로 운영되는 국가를 이상적으로 생각한 것 같습니다. 물론 그중 더 핵심적 역할은 더 어려운 시험을 통과한 '검사'들에게 부여되었습니다. 단적으로 검사 대통령에 관료 국무총리, 그 뒤에는 다시 검사 출신 총리비서실장, 이런 체계가 '검사-관료' 통치 체제를 잘 보여 줍니다. 대통령실의 요직도 검사와 검찰 수사관으로 채웠고, 금융감독원과 국가정보원에도 검사들을 보냈습니다. 나중에는 국민권익위원회, 방송통신위원회, 국민연금공단, 교육부, 고용노동부 등 수없이 많은 곳에 검사 출신들이 갔습니다.

2023년 3월, 참여연대가 '검찰+보고서 2023'에서 밝힌 대로 대통령실을 포함해 국가의 주요 요직에 130여 명이 넘는 검찰 출신이 포진했습니다. 임기 첫해 주요 국정 과제 중 3대 개혁으로 지목한 교육, 노동, 연금 분야의 핵심 공직에도 검찰 출신이 차례로 임명되었습니다. 이 정부는 대통령만 검찰 출신일 뿐 아니라 정치를 작동시키는 데 적합한 통치의 주체가 검찰이라고 확신하는 것입니다. 말 그대로 검찰 공화국입니다.

이런 모양새는 과거 이명박 정부 시절도 연상시킵니다. 만사형통으로 불리던 이상득 의원의 보좌관 박영준이 당선자총괄팀장, 대통령실 기획비서관을 지내며 청와대를 컨트롤했고 장관 보좌관들을 통해 각 부처의 장관들을 모니터링했습니다. 나중에는 기획재정부 2차관으로 '왕차관' 역할을 하며 예산을 통해 여당 국회의원들까지 관리했습니다. 확실히 이 정부의 많은 부분은 이명박 정부의 것들에서 따왔습니다. 다만 그 핵심 주체가 검사들이라는 점이 이례적입니다.

공무원들을 총알받이로

검사 출신들이 대통령실을 장악하고 검찰 출신들을 일선 부처에 전면적으로 배치하면서, 이 정부에서는 '적극 행정'을 찾아보기 어려워졌습니다. '적극 행정'은 단순히 구호나 캠페인이 아니라, 수동적인 우리 관료 사회의 문화를 근본적으로 바꾸기 위해 진보·보수 정부 가릴 것 없이 지난 수십 년간 지속적으로 추진해 온 꽤 괜찮은 정책이었습니다. 꼭 필요한 정책인데 아직 법·제도가 미비하거나, 상부의 지시나 명령을 기다릴 시간이 없다고 판단될 때 공무원들은 '적극 행정'을 이용했습니다. 일선 공무원들이 적극적으로 일을 하다가 문제가 생기면 정부에서 책임을 묻지 않는다는 관행도 만들어졌습니다. 그렇게 해서 잘된 경우에는 승진도 시키고 상도 줬습니다. 일종의 공무원용 '착한 사마리아인법' 같은 것입니다. 덕분에 공직 사회의 복지부동이 많이 사라지는 추세였습니다.

그런데 이런 풍조가 이 정부에서는 사라졌습니다. '적극 행정'을 하다가 문제가 발생할 경우에 누구도 책임져 주지 않으리라는 불안감이 팽배합니다. 집권 초기에 대통령실이 지시한 교육부의 취학 연령 변경 정책, 고용부의 노동 시간 확대 정책 등이 너무 급하게 졸속으로 추진되다가 멈췄는데 모든 책임은 실무 부처가 졌습니다. 물가 폭등, R&D 예산 삭감, 의료 대란에 대한 대처들은 어떻습니까? 공무원들 입장에선 적반하장입니다. 시킨 대로 했는데 결과가 안 좋으면 책임을 온통 뒤집어쓰는 것입니다. 이렇게 되면 살아남는 방법은 하나밖에 없습니다. 말로만 하는 척하면서 실제로는 최대한 안 하는 것이지요. 그래서 이 정부의 행정은 매우 느려 보입니다. 대통령이 '지시는 하는데 일이 잘 안 된다'고 말한 부분이 어느 정도는 사실일 것입니다.

더 심각한 현상도 있습니다. 당장 필요하다고 생각되는 정책이 있어도, 공무원들은 입을 꽉 다문다고 합니다. 이유를 물었더니 검찰 문화를 언급했습니다. 검사들은 원래 새로운 것을 좋아하지 않을뿐더러, 이전에 하던 대로 안 하면 의심부터 한다고 합니다. '이렇게 바꾸면 누군가 이익을 보는 사람이 있을 텐데, 어떤 업자한테 제안이라도 받았느냐'고 대놓고 물어보기도 한다는군요. 이런 상황이니 내부적으로는 아예 실무선에서부터 자체 검열하는 분위기가 생겼다고 합니다. '웬만하면 새로운 이야기는 하지 마라, 시키는 일에는 토 달지 마라'는 말을 공무원들끼리 서로 한다고 합니다.

심각한 일입니다. 대한민국은 지금 국제적으로 혼자 살 수 있는 나라가 아닙니다. 다양한 대내외 정세와 국제 환경이 시시각각 변하고 경제와 산업에 미치는 영향이 큽니다. 사전에 예측하고 대비·관리하는 준비가 필요하고, 특히 일선에서 올라오는 보고에 민감하게 반응해야 합니다. 이게 이루어지지 않으면 국정 운영은 위험한 상황이 됩니다. 특히 민감한 부분이 많은 금융 분야, 적극적인 산업 정책이 필요한 산업부와 중소기업부 등에서는 자유롭게 상부에 의견을 말할 수 있어야 합니다.

그런데 '레고랜드 사태'를 한번 봅시다. 일선에서 아무도 말하지 않으니까 결국은 방지할 수 있었던 일이 엄청난 경제적 피해를 일으키고 말았습니다. 연간 예산이 8조 원인 지방 정부에서 도지사가 2000억 원의 채무를 불이행하겠다고 했는데, 국가적으로 200조 원을 쏟아붓고서야 사태가 진정되었습니다. 한 사람의 결정이 대한민국 국채 시장 전체의 신용도를 흔들었고, 이때 투입한 돈이 기재부와 금융위원회가 약 50조 원, 한국은행이 약 42.5조 원, 5대 금융 지주가 95조 원으로 총 200조 원에 육박했습니다. 문제는 이겁니다. 과연 그 결정이 이런 파급력을 가질지, 강원도와 금융 당국과 감독 기관과 기재부의 실무자들이 전혀 몰랐을 리가 없다는 겁니다. 지난 2년 동안 일어난 많은 사건 사고들, 국내외적 실책들이 이런 분위기와 관련이 없다고 할 수 없을 것입니다.

이태원 참사와 잼버리 사태는 유관 부처만 다르지, 본질적으로 보면 레고랜드 사태와 크게 다를 바가 없습니다. 지방 행정과 안전 문제에서는 특히나 사전 대처, 조금은 과잉 대처가 필요하기도 합니다. 다른 분야보다 적극 행정이 더 필요한 것입니다. 지방 정부, 소방과 경찰, 행정안전부 등이 과연 이 정부의 분위기 속에서, 선제적인 안전 대처를 할 수 있었을까요? 저는 그런 부분이 여전히 걱정스럽습니다.

법치를 오독한 대통령

정치와 행정이 사라진 공간을 메운 것은 법치입니다. 원래 현대 민주주의에서 법치는 정치의 중요한 요소입니다. 그런데 이것이 왜 정치의 소멸을 가져왔을까요?

지난 2023년, 윤석열 정부의 법치주의와 관련해 문서가 하나 확인되었습니다. 한상희 참여연대 공동대표는 검찰 수사권 관련 개정법안에 대한 권한쟁의심판 청구서에서 이 정부가 법치주의를 정의한 대목을 공개했습니다. 법무부는 이 개정안이 법치주의의 원칙을 위배했다면서 다음과 같이 진술하고 있습니다.

> 법치주의는 법에 의한 통치rule by law를 의미하는 개념으로서 오늘날의 법치주의는 단순히 국가가 법률의 구속을 받는 것을 넘어 법률을 비롯한 입법·행정·사법 등 모든 국가 행위는 그 내용 역시 정당해야 하며 사회정의 실현에 그 목적을 두어야 한다는 원칙⋯

과문한 탓인지 모르겠으나, 정치학이나 법학 교과서에서 법치주의를 '법에 의한 통치rule by law'로 정의한 것을 보지 못했습니다. 민주주의 국가에서 법치주의는 '법의 통치rule of law'로 이해됩니다. 법치주의는 시민의 자유와 권리를 보장하기 위해 국가의 권력을 법으로 제한한다는 민주적 헌정주의와 제한 정부의 원리입니다. 그래서 이 법치주의는 국가의 적극적인 공권력 집행을 통한 질서를 확립한다는 식의 통치 이데올로기와는 거리가 있습니다.

종종 특정한 맥락에서 법치주의가 '법에 의한 통치'로 불릴 때가 있습니다. 이때의 용법은 '법치法治'가 '인치人治'와 구별될 때입니다. 이때의 인치는 단순히 사람의 통치가 아니라 통치자 개인이 아무런 원칙이나 기준, 일관성 없이 그때그때 기분에 따라 국가를 다스리는 '자의적인 동치'를 말합니다. 그래서 여기에 대응되는 법치를 더 정확하게 표현하면 '법에 따른 통치'가 됩니다. 그리고 이 맥락은 '법치주의rule of law'와 상통합니다.

법치주의를 우리말로 '법에 의한 통치'라고 쓰면서 'rule by law'라는 표현을 강조했다면 그 의도는 하나뿐일 겁니다. 법치주의를 '법을 활용한 통치'로 이해하는 것입니다. 통치의 핵심 주체들이 모두 검사 출신들이니 법치에 대한 이런 해석은 잘 맞아떨어집니다. 그리고 이런 식의 개념에 대해 세계적으로 많은 연구자들은, 종종 사법 만능주의로도 해석되는 '법률주의 legalism' 개념을 사용하기도 합니다.

사법 관료 포퓰리즘과 검사 만능주의

사실 윤석열 정부의 '법치주의'는 법을 활용한 통치나 법률주의라고 부르기에도 애매한 대목이 있습니다. 이 통치에서 실질적인 권력 작동의 원리는, 법 자체가 아니라 법의 해석과 적용 권한을 가진 자의 권한이기 때문입니다. 그래서 정치학자인 안병진 교수는 이 법치를 '법률가 통치rule by lawyer'나 '검사 통치rule by prosecutor'로 부르기도 합니다.

그런데 이런 '법률주의'를 개념적으로는 어떻게 이해해야 할까요? 한국에서만 우발적으로 나타난 예외적인 현상일까요? 물론 그런 측면도 없지 않을 것입니다. 그러나 이것을 하나의 통치 유형으로 본다면 모종의 명칭을 붙일 수도 있을 것 같습니다. 검사라는 특이한 사법 엘리트 기술 관료와 포퓰리즘이 결합한 '사법 관료 포퓰리즘Legal Technocrat Populism'입니다.

사실 기술 관료주의는 포퓰리즘과 연관성이 높습니다. 포퓰리즘 자체가 반정치적 성격을 가지면서, 정치 엘리트들을 배제하고 '중립적인 전문가'를 그 대안으로 삼기 때문입니다. 그런데 이 중립적 전문가의 신화는 한국에서 오랫동안 '공무원 관료'에게 투영되곤 했습니다. 실제로 윤석열 대통령은 취임 직후 임명한 차관 인사에서 20명 전원을 남성으로 임명하면서 18명을 50대 관료 출신으로 채웠습니다. 첫 내각에서 장관 후보자 18명 중 15명이 남성이었고 서울대 출신이 9명으로 절반을 차지했습니다. 명분은 '일하는 실력'이었습니다. 행정고시 출신의 차관들을 행정 부처의 전면에 배치하고 나서는, 사법고시 출신인 검사들이 배후에 자리를 잡았습니다.

이렇게 구축된 법률주의는 포퓰리즘에서 실제로 자주 활용되는 정치 전술입니다. 법률주의는 포퓰리즘이 가진 정치적 비전의 결핍과 불명확한 이념적 지향성이라는 약점을 덮을 수 있는 유용한 수단이기 때문입니다.

동유럽의 사례를 보면 법률주의로 무장한 포퓰리즘적 집권 세력은 수사와 기소라는 사법적 수단을 통해 다른 정치 세력을 정치의 장에서 쫓아내려고 함으로써 정치적 논쟁과 타협을 효과적으로 회피할 수 있습니다. 즉, 정치적 약점을 법률주의 전략으로 압도함으로써 사법적 논란 이외에 나른 정치적 쟁점이 등장할 계기를 아예 만들지 않는 것입니다. 정치적 상대방과 정치적 공방을 벌이며 경쟁하는 것이 아니라 사법의 영역으로 끌고 와서 단죄하는 방식입니다. 이것은 또한 사법적 수사의 빈번함을 통해 정치 혐오 정서를 강화시키면서, 정치 자체를 사법적 판단의 하위에 놓으려는 반정치적 기획이기도 합니다. 포퓰리즘과 법률주의의 결합은 이렇게 정치의 소멸을 가져옵니다.

윤석열 정부는 법률주의를 기반으로 한 검찰 중심의 사법 관료 포퓰리즘을 통치 수단으로 적극 활용하고 있습니다. 이것이 정책에 투영되면 공권력의 적극적 활용을 통한 억압적 사회 통제로 나타나게 됩니다. 말 그대로 '법과 질서law and order'를 통한 통치입니다.

물론 이것은 다른 나라에서도 보수 정당들이 집권했을 때 종종 나타나는 보편적 현상입니다. 그러나 우리의 경우에는 대통령이 검사 출신이라는 점에서 그 성격이 더욱 두드러지는 것처럼 보입니다. 그런데 잘 생각해 보면 법과 질서라는 것은 대체로 민주 국가에서 법무부의 역할이지 정부 전체의 역할은 아닙니다. 만약 법무부의 역할이 국가 전체의 역할과 비전이 되면, 아마도 그 국가의 성격은 대통령이 천명한 '자유 민주주의'에서 크게 벗어날 가능성이 높을 것입니다.

가장 큰 문제는 이것입니다. 지금의 대한민국은 행정고시 출신들, 사법고시 출신들에게 가만히 맡겨 놓기만 해서는 운영되지 않는 나라입니다. 그들이 무능하다는 것이 아니라, 나라의 발전 정도가 그것을 넘어섰다는 뜻입니다. 그래서 그들이 일을 잘할 수 있도록 시스템을 더 민주적으로 개선해야 하는 시기라는 뜻이기도 합니다. 이제라도 통치의 방식이 보다 민주적으로 바뀌기를 진심으로 바랍니다. 그래야 국정 지지율도 회복될 것입니다.

'자유 민주주의' 정부에서 후퇴한 민주주의

  윤석열 대통령이 취임할 때 사실 큰 걱정을 하지 않았습니다. 민주주의란 본래 불확실성을 제도화한 정치 제도이므로 누가 반드시 당선되어야 한다거나 반대로 누구는 꼭 떨어져야 한다는 당위란 없는 법입니다. 만약 그런 생각으로 정치를 보고 있다면 그 사람도 불행하고 나라도 불행해집니다. 본인은 자신의 당위가 실현되지 않을 때 대단히 고통스러울 것이고, 나라는 게임의 원칙을 받아들이지 않는 사람들로 인해 혼란스러울 것이기 때문입니다.

  이전 대통령들과 마찬가지로 윤석열 대통령도 민주주의라는 정치 게임의 승자일 뿐입니다. 검찰총장 출신이라서 정치에 서툴다든지 전임 정부의 검찰총장이었다든지 하는 것은 어쨌든

차후의 일입니다. 윤 대통령은 쿠데타나 불법적인 선거를 통해 당선된 것이 아니라 합법적인 선거를 통해 당선된 정당성을 갖고 있습니다.

그리고 이 한국의 헌정 질서는 헌정을 유린하는 통치 행위를 한 현직 대통령을 탄핵할 수 있을 정도로 잘 제도화되어 있고, 실제로 작동도 합니다. 그러니 자기가 마음에 들지 않는 사람이 대통령에 당선되었다고 해서 맹목적으로 이를 비난하는 것은 민주주의자의 자세가 아닙니다.

보수의 자유 강조는 당연하다

하나 더, 제가 임기 초기에 별 걱정을 하지 않은 이유는 대통령 취임 전후 언행에서 실제로 크게 염려할 점이 없었기 때문입니다. 윤 대통령은 자유, 공정, 정의, 헌법 등을 핵심 가치로 제시했습니다. 그중에서도 가장 강조된 것은 '자유'였습니다. 자유와 평등 중에서 보수가 자유에 더 많은 가치를 부여하는 것은 적어도 지난 한 세기 동안 전 세계적인 풍조였습니다. 이 자유를 다소 거칠지만 간단히 두 가지로 구분해 보면 하나는 인격적인 자유, 다른 하나는 시장에서의 자유입니다.

먼저 후자부터 살펴보면, 시장에서의 자유를 강조하는 것은 진보 입장에서 볼 때 우려될 만한 사안입니다. 그러나 그것을 추구하는 것은 윤석열 정부와 국민의 선택입니다. 한국의 보수는 늘 (적어도 겉으로는) 시장의 자유를 강조했고 실제로 그러한 공약을 제시해 당선되었습니다. 선거에서 이긴 쪽이 그 정책을 실현하는 것이니 그 자체를 비판하기는 어렵습니다. 시장의 자유가 커질 때 내용적으로 그 부작용에 대한 우려와 반대를 할 수는 있지만 그것 자체를 아예 하지 말라거나, 그것은 악이라거나 하는 주장은 바람직하지 않습니다. 그것은 무엇보다 다원주의적 민주주의 사회에서 어울리지 않는 일입니다. 게다가 그런 식의 비판이 우리 사회에서 잘 작동하리라고 생각되지는 않습니다.

저는 개인적으로 시장에서 강자들의 자유를 과도하게 확장하는 것에 반대하지만, 그런 내용을 공약하고 당선된 정부가 그것을 하지 않는다는 것도 이상한 일이라고 생각합니다. 물론 공약이었다고 해서 모든 것을 함부로 해서는 안 되고, 추진 과정에서 국회와 시민들과 충분한 논의를 거쳐야 합니다. 우리의 헌법과 민주주의는 대통령에게 모든 권한을 위임하지는 않았기 때문입니다.

이제 인격적 자유에 대해 이야기해 봅시다. 사실 시장의 자유라는 것은 인격적 자유, 책에서는 인신의 자유라고 불리는 것에서 파생된 개념이라고 할 수 있습니다. '내가 원하는 것을 타인에게 해를 끼치지 않는 선에서 자유롭게 할 수 있다'는 본질적인 자유를 추구하는 과정에서 '시장'의 영역이 매우 큰 역할을 하기 때문에, 특히 노동과 재산 문제가 자유에서 중요한

압축 소멸 사회

기반이 되기 때문에 시장의 자유가 강조된 측면이 있습니다. 그렇다면 시장의 자유보다 실은 인격적 자유가 더 선행한다고 할 수 있습니다.

이런 맥락에서 저는 윤석열 대통령이 취임사에서 자유를 수십 번 외쳤을 때 이것이 그렇게 나쁘지 않다고 생각했습니다. 사실 우리 헌법은 자유와 평등을 모두 중요한 가치로 품고 있습니다. 또 시장의 자유에 대해서도, 윤 대통령은 후보 시절부터 공정한 경쟁을 강조했습니다. 그래서 문재인 정부의 공정과 정의가 평등에 많은 가치를 둔 것이라면, 윤석열 정부의 공정과 정의는 자유를 더 강조하겠다는 의미로 이해되었습니다. 이런 맥락의 '자유'라면, 보수 정부가 들어섰을 때 충분히 정책적 결과로 나타나도 좋겠다고 생각했습니다.

제주 4·3과 자유 민주주의

대통령 취임 다음 해에 열린 제주 4·3 추념식에서 이런 기대가 무너지기 시작했습니다. 그 전해에 윤석열 대통령은 당선자 신분으로 참석한 바가 있습니다. 제주 유세 때 했던 말을 지키는 것일 뿐이라고 했지만 그래도 이례적인 일이었고, 연설은 짧았지만 내용은 적절했습니다.

4·3의 아픔을 치유하고 상흔을 돌보는 것은 4·3을 기억하

는 바로 우리의 책임이며, 화해와 상생, 그리고 미래로 나아가기 위한 대한민국의 몫입니다. 4·3 희생자들과 유가족들의 온전한 명예 회복을 위해 노력하겠습니다.

(…)

무고한 희생자들을 국민과 함께 따뜻하게 보듬고 아픔을 나누는 일은 자유와 인권이라는 보편적 가치를 지향하는 자유 민주주의 국가의 당연한 의무입니다.

그런데 대통령이 되고 나서는 4·3 추념식에 오지 않았습니다. 국무총리가 대신 읽은 추념사는 평소 다른 해의 추념사에 비해 겨우 4분의 1 분량이었고, 내용도 새로운 것이 없었습니다. 대신 극우 보수 정당과 단체들의 현수막이 제주를 뒤덮었습니다.

'제주 4·3 사건은 대한민국 건국을 반대하는 김일성과 남로당이 일으킨 공산 폭동이다!'

윤 정부 이전에는 상상하기 어려운 일이었습니다. 보수 세력인 정부·여당은 이런 극우의 움직임에 대해 비판적 태도를 취하지 않았습니다. 사실 이런 변화는 이미 예견된 것이었습니다. 윤 정부는 4·3을 '남조선로동당을 중심으로 한 공산주의 세력에 의한 폭동'이라고 공개적으로 발언한 김광동 나라정책연구원 원장을 '진실·화해를 위한 과거사정리위원회' 위원장으로 임명했기 때문입니다.

압축 소멸 사회

'반국가 세력'은 누구인가?

2023년 6월 28일, 한국자유총연맹 창립 기념행사에 대통령이 24년 만에 참여했습니다. 그리고 이렇게 말했습니다.

왜곡된 역사의식, 무책임한 국가관을 가진 반국가 세력들은 핵무장을 고도화하는 북한 공산 집단에 대하여 유엔 안보리 제재를 풀어 달라고 읍소하고, 유엔사를 해체하는 종전 선언을 노래 부르고 다녔습니다.

여기서 반국가 세력들이 했다고 하는 일은, 비난의 레토릭 rhetoric을 제외하고 내용을 보면 모두 전임 문재인 정부의 정책들입니다. 문재인 정부는 한반도 비핵화를 위해 남북 관계의 긴장을 줄이는 것이 필요하다고 봤고, 종전 선언으로 한반도에 평화를 정착시켜야 이 문제가 해결된다고 보았습니다. 결과적으로 맞았든 틀렸든 간에 그것은 하나의 정책적 선택이었습니다. 한때 국민들도 지지했던 정책입니다. 그런데 윤석열 대통령은 이런 정책을 비난하면서 '반국가 세력'이라는 용어를 사용한 것입니다. 그리고 또 자유총연맹 회원들에게는 이렇게 호소했습니다.

자유 대한민국에 대한 확고한 신념과 뜨거운 사랑을 가진 여러분께서 이 나라를 지켜 내야 합니다.

(…)

자유 대한민국을 무너뜨리려고 하거나 자유 대한민국의 발전을 가로막으려는 세력들이 나라 도처에 조직과 세력을 구축하고 있습니다. 이것은 보수, 진보의 문제가 아닙니다. 보수냐 진보냐 하는 것은 자유 민주주의라는 바탕 위에 있는 것입니다. 그래서 이것은 보수, 진보의 문제가 아니라 대한민국의, 자유 대한민국의 정체성을 지켜야 하는 문제입니다.

깜짝 놀랐습니다. 이런 발언은 대통령 본인이 주장한 자유 민주주의 그 자체에 심각한 위협이 되기 때문입니다. 세 가지 점에서 그렇습니다.

첫째, 이전 정부의 대북 정책을 비판할 수는 있지만 그 정부 자체를 '반국가 세력'이라고 규정하는 곳에는 자유 민주주의가 존재하기 어렵습니다. 문재인 정부의 대외 정책이 어쨌든지 간에 이 정부 역시 윤석열 정부와 마찬가지로 합법적인 선거에 의해 당선되고 정상적으로 임기를 마친 정부입니다. 정부가 수립되는 과정과 마치는 과정에서 절차적 하자는 없었습니다.

둘째, 반국가 세력이라는 용어가 가진 의미입니다. 우리에게 반국가 세력이라는 말은 조금 낯설지만 '반국가 단체'라는 말은 익숙합니다. 이것은 법률 용어인데 간첩 조직을 이르는 말

압축 소멸 사회

입니다. 박인환 경찰제도발전위원회 자문위원장은 "문재인 대통령은 간첩이고, 국민들의 70%가 문재인 전 대통령이 간첩이라는 사실을 모른다는 게 문제"라고 말했습니다. 간첩의 문제라면 이것은 진보·보수의 문제가 아니라 국가 안위의 문제, 법적 처벌의 문제가 됩니다.

셋째, 헌법을 수호해야 하는 의무를 가진 대통령이라면 이런 반국가 세력을 반드시 법적으로 조치해야 한다는 것입니다. 대통령은 반국가 세력에 의해 "자유 대한민국의 국가 안보가 치명적으로 흔들린 상황"이라고 말했습니다. 그렇다면 이 반국가 세력에 대해 응당한 법적 조치를 취하는 것이 반드시 뒤따라야 합니다. 그렇다면 누구를 수사해야 할까요?

이전 정부 겨냥한 것 아니다?

당시 일이 커지자 대통령실은 '반국가 세력'이라는 표현은 이전 정부를 겨냥한 것은 아니라고 해명을 내놨습니다. 그러나 이해하기 어렵습니다. 연설에서 '반국가 세력'을 언급한 다음에는 이런 대목이 있습니다.

북한이 다시 침략해 오면 유엔사와 그 전력이 자동적으로 작동되는 것을 막기 위한 종전 선언 합창이었으며, 우리를 침략하려는 적의 선의를 믿어야 한다는 허황된 가짜 평화

주장이었습니다.

종전 선언이 문제인 정부가 공식적으로 추진한 대북 정책이
었다는 것을 모르는 사람은 없습니다. 또 문재인 정부의 대북
정책에 대해 '가짜 평화'라는 딱지를 붙여 국회에서 공식적으
로 비판한 것은 현 정부의 대통령실과 정부입니다. 윤석열 정
부가 문재인 정부를 비판하기 위해 사용한 것 이외에 '가짜 평
화'라는 표현이 등장한 적이 있었던가요? 만약 윤 정부가 문재
인 정부가 아닌 다른 세력을 지칭한 것이라면 이 부분은 해명
이 아니라 사과를 하는 것이 맞을 것입니다.

이전 정부나 다른 정당의 정책에 대해 자유 민주주의에서는
얼마든지 비판할 수 있습니다. 그러나 그 비판이 상대를 '반국
가 세력'으로 규정하는 것이어서는 곤란합니다. 거기에는 자유
민주주의가 설 자리가 없습니다.

임기 초기, 윤석열 대통령이 천명한 자유는 내용적으로 나
쁘지 않았습니다. 인격적 자유와 시장의 자유가 공정과 정의의
바탕 위에서 실현되고, 외교적으로 자유주의 국가들과의 동맹
을 강화하는 정책은 보수가 해 볼 만한 것이었습니다.

그러나 윤 정부의 언어와 정책은 자유 민주주의보다는 반공
권위주의 시대의 그것을 점점 더 많이 닮아 가고 있습니다. 한
국의 각종 민주주의 관련 지표도 하락하고 있습니다. 자유 민주
주의를 앞세운 정부에서 민주주의 지수가 하락한다는 것은 모

순적인 일입니다. 윤 정부의 핵심 인사들이 21세기 보수에 걸맞는 '자유 민주주의'의 가치를 재확립해 주기를, 국민의 한 사람으로서 간절히 바랍니다.

무엇을 위한 법치,
누구를 위한
자유인가

2024년 8월, 독립기념관이 1987년 개관 이래 최초로 광복절 경축식을 취소했습니다. 37년 만에 처음 있는 일이었습니다. 관장이 직접 결정했다고 합니다. 독립기념관장은 이전까지 총 10명이었는데 그중 8명은 독립 유공자의 후손 중에서 덕망과 역량이 있는 분들이 임명되었습니다. 나머지 2명은 학자 출신으로, 개인적인 이념적 지향성은 있었지만 관장으로서 업무 수행과 관련해 논란이 된 적은 없었습니다.

뉴라이트를 이념적 기반으로 집권한 이명박 정권, 박정희 향수를 토대로 집권해 역사 교과서를 다시 쓰려고 했던 박근혜 정권에서도 독립기념관장이 논란이 되지는 않았습니다. 심지어 문제를 제기한 이종찬 광복회장은 윤석열 대통령의 정치권

압축 소멸 사회

입문에 도움을 주고 지지 선언까지 했던 분입니다. 그만큼 상상하기 어려운 일이 일어난 것입니다. 이번 일도 구조적 요인과 사건사적 요인으로 나누어 살펴봅시다.

광복절에 윤 대통령은 왜 품위를 버렸을까?

먼저 구조적 요인은 윤석열 정부가 분명한 이념적 기반 없이 탄생했다는 점에서 시작합니다. 윤석열 대통령은 그전까지 정치를 했던 사람이 아니고, 특별히 어떤 정치 철학을 가져야 할 이유도 없었을 겁니다. 그러나 일단 정치를 시작하자 통치 이념에 해당하는 무엇인가가 필요했습니다. 그것은 '자유'였는데, 윤 대통령의 취임사에서 올해 광복절 기념사까지의 내용을 보면 자유를 중심으로 한 윤 정부의 통치 철학은 오히려 질적으로 후퇴하고 있습니다.

취임사에서는 규칙의 준수, 연대와 박애의 정신, 기아, 빈곤, 공권력으로부터 개인의 자유 보호, 공정한 교육, 문화의 접근 기회 등 자유의 내용을 구성할 만한 몇 가지가 포함되어 있었습니다. 아주 너그럽게(?) 본다면 최소한 프리드리히 하이에크Friedrich Hayek를 넘어, 아마티아 센Amartya Sen이 저서《자유로서의 발전》에서 주장한 내용들이 일부 언급된 것으로 이해할 수 있을 정도였습니다.

그러던 것이 2023년 광복절 기념사에서는 그 개념도 불분명한 '공산·전체주의'와의 대결을 강조한 이승만의 1948년 연설로 후퇴하더니, 2024년 기념사에서는 '사이비 지식인과 선동가들, 가짜 뉴스와 거짓 선동'이라는 단어가 연설문의 핵심으로 등장했습니다. 내용을 떠나 사용된 단어들이 차마 대통령의 연설이라고 생각하기 어려웠습니다. 보수 유튜버들이 아무렇게나 떠드는 이야기들을 대통령이 그대로 반복하고 있었습니다. 뉴라이트가 20년 동안 노화를 거듭한 끝에 도달한 아스팔트 우파의 용어와 크게 다르지 않았습니다. 대통령이 국가 기념일에 하는 말과, 주말에 극우 반공주의자들이 광화문에서 떠드는 말에 차이가 없어졌습니다. 상당한 충격이었습니다.

보수 재결집을 시도하다

사건사적 요인은 제22대 총선입니다. 윤 대통령은 총선에서 역대 보수 정부 중 가장 큰 패배를 당했습니다. 총선 직후 용산에서는 노선 투쟁이 있었던 것으로 보입니다. 하나는 대통령의 측근 참모들이 사퇴하고, 거국내각을 구성하고, 거대 야당과 협치를 하는 방안입니다. 한동훈이 장악할 것이 분명한 국민의힘에 대해 신뢰가 가지 않는 상황에서, 대통령 내외의 임기 후 안전까지도 고려되었음이 분명합니다. 처음에는 이쪽이 키를 잡은 것처럼 보였습니다.

그러나 곧 좌초했습니다. 그렇게 섣불리 화해를 시도하기에는 그동안 이재명 대표를 너무 몰아붙였던 것이죠. 이재명 대표는 대통령과의 첫 면담에서 전략적으로 수모를 주었습니다. 대통령은 15분 동안 일방적인 모두 발언을 들어야 했습니다. 이후의 2시간 면담에서 윤 대통령이 대부분 말했다고 하지만 그건 국민들이 알 수 없는 일입니다. 보수 유권자들이 보기에 윤 대통령은 보기 좋게 당한 꼴이 되었습니다.

2024년 4월과 5월, 윤 대통령은 민주화 이후 취임 2년차 대통령 중 가장 낮은 국정 지지율을 기록했습니다. 총선 때 국민의힘 득표율도 충격적이었는데 총선 이후에도 대통령 지지율이 이 정도라면 사실상 국정 운영이 어려울 정도였습니다. 그러자 다른 쪽에 기세를 잡았습니다. 애초에 협치가 아니라 더 선명한 이데올로기 투쟁으로 보수부터, 집토끼부터 재결집시켜야 한다는 것입니다. 이재명 대표에게 수모를 당한 대통령의 귀가 솔깃했을 겁니다. 이렇게 방향은 정해졌습니다.

그동안 뉴라이트가 제시했지만 총선 때까지만 기다려 보라고 했을 법한 여러 인사의 임명이 전격적으로 이루어지기 시작했습니다. 한국학중앙연구원, 독립기념관장, 동북아역사재단 등 역사 인식으로 논란을 일으킬 만한 인사들이 앞다투어 자리를 잡았습니다. 뒤이어 방송통신위원장에 이진숙, 노동부 장관에 김문수가 임명되었습니다.

총선 이후 필요한 것은 보수의 재결집이었을 겁니다. 무엇보다 이명박, 박근혜 두 대통령과의 화학적 결합이 필수적이었고 대외적으로 그것을 과시해야 했습니다. 두 전직 대통령이 요구한 것이 무엇인지는 분명해 보였습니다. 광복절 특사에 가장 먼저 거론된 사람은 조윤선이었고 이어서 원세훈, 안종범 등이 언급되었습니다. 무려 50명 넘는 인사가 사면·복권되었습니다. 보수 우파 대결집을 위해 반드시 필요한 조치였습니다. 그 결과 윤 대통령은 8·15 즈음에 이명박 대통령 내외와 식사하는 모습을 공개할 수 있었고, 광복절에 육영수 묘소에 참배할 수 있었습니다. 이렇게 보수 재결집을 시도하자 대통령은 총선 이후 침몰할지도 모른다는 불안감에서 다소 벗어난 것처럼 보였습니다. 아마도 이를 통해서 윤 정부의 집권 3년차 목표는 문재인 정부의 국정 지지율이었던 40% 정도였을 것입니다.

무엇을 위한 법치, 누구를 위한 자유인가?

그러나 대통령의 지지율은 지금 그런 기대보다는 매우 낮습니다. 대통령은 지난 2년간 그토록 낮은 지지율을 거듭하고 선거에서 패배했음에도 불구하고 왜 변하지 않으려는 것일까요? 왜 대통령은 협치를 통한 정치를 하지 않는 것일까요? 왜 자유를 그렇게 많이 말하는데 민주주의는 점점 후퇴하는 것처럼 보일까요?

앞서 우리는 대통령의 통치 철학이 '자유'에 있지만 그것의 실체가 분명하지 않거나 퇴행하고 있다는 것을 확인했고, 동시에 실제 국정에서는 자유주의적인 정책을 찾아보기도 힘들고 야당과의 협치도 기대하기 어려운 상황입니다. 자유의 통치와 통치의 부재가 동시에 나타나고 있는 것입니다. 이것은 도대체 무엇을 의미할까요?

많은 사람들이 보기에 윤석열 정부는 이태원 참사, 잼버리 사태, 엑스포 유치 실패 등에서 보듯이 국가가 해야 할 기본적인 일들을 실패해도 별 문제가 없다고 생각하는 듯합니다. 단지 운이 없는 일이거나, 전 정부가 잘못 세팅해 놓은 일이거나, 공무원들이 일을 제대로 안 해서 생긴 문제라고 여기는 것 같습니다. 그러나 그렇지 않습니다. 이것은 정말로 아무 생각도 없이 통치되었던 박근혜 시기와는 분명히 다른 형태의 국가 관리 방법입니다. 이것은 나름대로 철학을 갖춘 하나의 일관성 있는 국정 기조이자 통치 신념입니다.

박근혜 정부가 아무것도 할 줄 몰라서 아무것도 하지 않은 것이라면, 윤석열 정부는 어떤 의도를 갖고 정부의 개입을 최소화하고 있습니다. 우리가 일반적으로 국가가 해야 한다고 생각하는 많은 일들에서 그러합니다. 윤 정부에는 적극적인 경제 정책도, 재정 정책도, 산업 정책도, 복지 정책도 찾아보기 어렵습니다. 할 줄 몰라서 안 하는 게 아니라 일부러 하지 않는 것입니다. 왜 그러는 것일까요?

왜 박정희가 아니라 이승만이었나

한 가지 실마리는 윤석열 정부가 앞선 두 번의 보수 정부와 달리 박정희 신화를 폐기했다는 것입니다. 이명박, 박근혜 정부에서 보수의 복고적 비전은 박정희였습니다. 그런데 이 정부는 박정희를 버리고 보수의 상징으로 이승만을 앞세웠습니다. 그것은 사실 이 정부의 여러 정책 기조와 잘 맞아떨어집니다.

박정희는 미국을 완전히 신뢰하지 않았습니다. 미국도 박정희를 신뢰하지 않았습니다. 이승만은 달랐습니다. 이승만의 전기 작가이자 미국의 정치 고문이었던 로버트 올리버에 따르면, 그는 때로 미국의 뜻을 어겨 가면서까지 미국의 이익을 수호하기 위해 노력했습니다. 박정희는 불과 4년 전에 자신을 암살하려고 했던 북한과 7·4 남북공동성명을 추진하면서 적대적 공존을 추진했습니다. 이승만은 달랐습니다. 그는 '공산·전체주의'와의 타협 없는 대결을 선호했습니다. 윤 대통령도 그러합니다. 그가 바라보는 세계는 자유 진영과 공산 전체주의 진영과의 전쟁터입니다. 미국의 편에 단호히 서야 하는 것입니다.

박정희의 개발 독재는 국가 주도의 성장 정책이라는 점에서는 전체주의 국가인 북한과도 크게 다르지 않았습니다. 그것은 윤 대통령이 생각하는 자유주의에 대한 모독이었지요. 이런 자유주의의 시각에서 보면, 기본적으로 한 사회에서 벌어지는 일들이란 개인들의 선택에 의해 결정될 때 가장 합리적인 방향

압축 소멸 사회

으로 나타나기 마련입니다. 국가란 그 선택이 공정하게 일어날
수 있도록 하는 일 이외에 다른 할 것이 없습니다.

만약 국가가 기업의 일을 대신하려고 한다면 거기서는 비효
율과 부정부패가 일어날 수밖에 없습니다. 윤 대통령이 보기에
박정희 정권에서 많은 정경유착이 발생한 원인이 여기에 있었
을 겁니다. 이런 부정부패를 일소할 의무가 법을 집행하는 엘
리트들, 곧 검사들에게 있습니다. 윤 대통령은 후보 시절부터
자유 시장의 질서를 해치는 행위에 대한 엄단을 약속했습니다.
대통령이 말하는 '자유'가 바로 여기에 있는 것 같습니다.

윤석열 통치의 비밀, 하이에크

지금 이 나라는 밀턴 프리드먼Milton Friedman과 로즈 프리드
먼Rose Friedman의 저서 《선택할 자유》에 따라 통치되고 있습니
다. 윤 대통령이 경제학자였던 아버지로부터 선물받아 '인생
의 책'으로 여기며 27년이나 가지고 다녔다는 바로 그 책입니
다. '부자들의 세금을 낮추고, 규제를 최소화하며, 카르텔을 척
결할 것', 모두 신자유주의의 창시자라 할 수 있는 프리드먼의
요구 사항들입니다. 그런 점에서 윤석열 정부의 통치 체제는
1980년대에 한국에 이식되기 시작한 신자유주의의 최종 버전
이라 할 수도 있을 것입니다.

그런데 사실 프리드먼은 최소한의 소득보장제도인 음의 소

득세를 주장했습니다. 사실 모든 복지를 폐지하고 이것으로 단순화하는 것이기는 합니다. 그러나 최소한의 균형은 맞추려고 한 것입니다. 그래서 김종인과 유승민은 이 점을 언급하며 윤 대통령이 프리드먼을 반만 이해한다고 비판하기도 했습니다. 그러나 윤 대통령의 스승은 프리드먼뿐은 아닙니다. 프리드먼은 시장의 자유에는 많은 관심을 가졌지만, 국가 통치에 대한 많은 부분은 사실 그의 스승 격인 하이에크가 제시한 바가 있습니다.

하이에크는 《법, 입법 그리고 자유》에서 민주주의라는 이름으로 자유, 곧 사적 권리에 대한 침해를 일삼는 행위를 막기 위해 의회 주권에 맞서는 '법 주권'의 중요성을 강조했습니다. 하이에크의 '법치주의'는 국가가 자유(사적 권리)를 해치는 일체의 세력을 물리침으로써 자유를 수호하는 데 목적이 있습니다. 이 법치는 공식적으로는 '정치적 부패와 모든 형태의 경제 범죄를 척결하고, 경제적 교환 과정에 안정적인 틀과 안전을 담보하기 위해' 이루어집니다. 어디서 많이 본 말과 풍경이 아닌가요?

선택할 자유는 누구에게 있나?

윤석열 대통령은 사법고시 9수를 했습니다. 그런데 그 나이 또래의 대부분은 그렇게 하지 못했습니다. 집안이 가난해서 중

고등학교에 진학하지 못하고 일터로 나가기도 했고, 대학 진학률은 더욱 낮았습니다. 공부를 잘해서 서울대학교에 가는 것까지는 '타고난 머리'와 '개인의 노력'에 따른 것일 수도 있을 겁니다. 그러나 그 당시에 9수를 하려면 집안의 도움 없이는 어려웠겠지요. 윤 대통령은 실력도 있었겠지만, 좋은 집에서 태어난 운이 없었다면 지금처럼 대통령이 되기는 어려웠을 것입니다.

그렇게 보면 윤 대통령이 9수를 '선택'할 수 있었던 자유는 그의 의지로 주어진 것이 아닙니다. 그만큼 머리 좋은 사람도 아버지가 대학교수가 아니었다면 9수는 엄두도 내지 못했을 것이 분명합니다. 그래서 윤 대통령의 사시 9수는 불굴의 의지가 아니라, 8번 실패해도 9번째 일어날 수 있는 넉넉한 집안 사정을 증명합니다. 그래서 윤 대통령이 믿어 의심치 않는 하이에크의 이상, 곧 법치주의와 자유 방임주의의 결합이라는 명제는 대통령의 삶에서만 증명되는 것 같습니다.

물론 어떤 이들과는 조금의 차이가 있다고 주장할 수는 있을 겁니다. 3루에서 홈으로 들어올 때 누군가는 천천히 걸어 들어오지만 윤 대통령 본인은 전력 질주로 홈 플레이트를 밟았다고 말할 수 있습니다. 그래서 노력할 자유란 이렇게 좋은 것이라고 생각할 것입니다. 그렇다고 해서 청년 윤석열이 2루나 3루에 도착할 때까지 아웃 카운트를 8번이나 쓸 수 있었다는 사실이 달라지지는 않습니다.

자유는 중요합니다. 그러나 이 정부에서 보여 주는 '자유'의 가치는 자유주의라고 말하기에도 많이 부족한 수준입니다. 취임식에서 언급한 사회적 자유, 공정으로서의 자유는 온데간데 없고, 1950년대 냉전 시기의 반공 자유주의만 남았습니다. 아마 프리드먼과 하이에크조차 그런 자유에는 고개를 저을 것 같습니다. 한국에는 건전한 보수와 자유주의 세력도 적지 않습니다. 지금이라도 보수 내부에서 자유의 가치에 대한 제대로 된 논쟁이 있었으면 하는 바람입니다.[*]

---

[*] 이 글은 《내전, 대중혐오, 법치》(피에르 다르도, 크리스티앙 라발, 피에르 소베트르, 오 게강 지음, 정기헌 옮김, 원더박스, 2024.)의 도움을 받았습니다.

정의당은
왜 원외로
내몰렸나

제22대 4·10 총선에서 범야권은 192석의 압승을 거뒀지만, 조국혁신당을 제외한 제3정당들은 300석 중에서 겨우 5석을 얻었습니다. 특히 민주노동당에서 출발해 20년간 원내를 지켜 온 (녹색)정의당이 원내 진입에 실패했습니다. 2004년 민주노동당이 10명의 국회의원을 배출하면서 제도권 정당이 된 이래 진보 정당으로서 자력으로 5석 이상의 의석을 유지해 온 세력이 원내에서 사라진 것은 한국 정당사에서 중대한 의미를 갖습니다.

정의당의 원내 진출 실패

현상적으로는 하나의 소수 정당이 원내 진출 이후 부침을 거듭하다가 다시 원외 정당이 되었다는 것에 불과할 수 있습니다. 그러나 이 정당은 그동안 지역주의를 기반으로 하거나 특정 인물 중심의 정당이 생겼다가 사라진 일과는 분명히 다릅니다. 이것은 분단과 전쟁 이후 반쪽으로 왜곡된 이데올로기 지형에서 '노동'을 당의 명칭에 내건 진보적 제도권 정당이 만들어지고, 다양한 선거에서 지속적으로 후보를 내고, 원내에 진출하고, 보이지 않던 사람들을 대표하고, 진보적 정치 어젠다를 기획해 내는 일을 해 오던 정치 세력이 국회에서 사라진 것을 의미합니다.

정의당의 원내 진출 실패 같은 구조적이고 복합적인 정치 현상에 대해 정확한 이유를 분석하는 데에는 시간이 걸립니다. 먼저 실제 유권자들의 투표 성향을 분석한 연구 결과들이 나오는 데에 대체로 1~2년의 시간이 필요하고, 그 분석을 토대로 선거 당시 정당의 정치적 전략과 정책적 공약에 대한 주관적 평가가 또한 뒤따라야 합니다. 객관적인 지표들에 더해 정치적 주체들의 상호 작용, 당내의 상황, 정치적 선택의 한계, 정치 지형의 변화, 선거의 이슈, 돌발 상황 등 분석에서는 다양한 변수들이 고려되어야 합니다. 이러한 분석이 어느 정도 이루어진다고 해도 그 결과로 어떤 정답이 도출되는 것은 아닙니다. 같은 데이터와 상황을 놓고도 다양한 의견들이 나올 수 있고, 그중 어느 것이 더 옳은지 확신하기란 어렵습니다.

또한 정당 정치에서는 선거 결과에 대한 평가 자체가 하나의

압축 소멸 사회

정치 투쟁이 되는 것이 일반적입니다. 지난 20여 년의 한국 정당사를 보아도 큰 정당이나 작은 정당 할 것 없이, 대선이나 총선의 결과에 대한 평가가 이후 정치적 변화의 계기가 되는 경우는 흔한 일이었습니다. 그렇다고 해서 이러한 평가 투쟁의 결론이 나기만을 마냥 기다릴 수도 없는 법입니다. 정치는 현실에서 지속되기 때문입니다. 다만 이 글에서는 제 견해를 바탕으로 현재 가능한 수준에서 진보 정치의 현재와 미래, 그 조건과 가능성에 대해 진단해 보고자 합니다.

무능한 정권과 심판 선거

제22대 총선에서 정의당이 원내 진출에 실패한 원인은 복합적입니다. 우선 이 총선을 사건사적인 측면에서 보면 선거 구도가 '심판 선거'였다는 점이 특징입니다. 물론 정권 심판론이 총선 전후의 모든 시기를 완전히 지배한 것은 아닙니다. 시기적으로 대통령에 대한 중간 평가에서 모두 정권 심판이 이루어진 것도 아닙니다. 오히려 제16대 이후 6번의 총선에서 야당이 이긴 경우는 두 번밖에 안 됩니다.

실제로 총선을 앞두고 약 6개월의 시간대를 보면 국면에 따라 정권 심판론의 영향력은 차이가 있었습니다. 국정 지지율이 지난해 말까지 너무 오랫동안 낮았기 때문에 정권 심판 분위기가 있었던 것은 사실입니다. 그런데 연초에 여당의 리더십이 교체되고 민주당이 공천 파동을 겪으면서 여론이 살짝 바뀌었습니다. 정부·여당 측의 전략적 노력도 있었는데, 대통령과 용산이 언론에 거의 등장하지 않고 당에 주도권을 준 것입니다. 여기에 더해 3월 이후 민주당에서 공천 잡음이 생기자 여야의 지지율은 다시 백중세로 변했습니다.

그런데 3월 18일 '대파 사건' 이후 잠시 사라졌던 정권 심판론이 분명하게 재등장했습니다. 갤럽 조사를 보면 정부 견제론과 정부 지원론이 재역전된 시점은 정확히 '대파 사건' 때였습니다. 그동안의 전례를 보면 우리 선거에서 대체로 정권 심판은 정치적 이데올로기에 기반을 둔 심판이라기보다는 '민생의 어려움'과 '정부의 무능'에 대한 심판이었습니다.

선거는 경제라고 하는데, 경제는 국가 수준의 말이고 국민들 입장에서는 '민생'입니다. 시민들이 느끼는 민생의 바로미터는 물가입니다. 그 물가가 심상치 않다는 징후는 이미 오래전부터였습니다. 2024년 연초에, 정치를 오래하신 분께 선거 전망을 물었는데 '요새 재래시장에 나가 봤어?'라고 반문하시더군요. 여야가 공천으로 한참 시끄러울 때도, 한 여론 조사 전문가에게 물었더니 '물가가 심상치 않아요'라는 답을 들었습니다. 무역 수지, 환율, 주식 시장 등 지표상으로만 뉴스를 장식하던 경제적 어려움이 '대파'를 통해 분명한 실체로 드러났습니다.

대통령실은 지난해에는 '상저하고'라는 말을 내세우며 경제적 어려움을 외면했습니다. 그러나 선거를 코앞에 둔 시기에 급등한 물가까지 모른 척하기는 어려웠습니다. '물가가 이 지경인데 정부는 무엇을 하고 있느냐'는 언론과 야당의 비판에 대응한다고 대파를 들었는데 그게 의심을 확신으로 바꾼 '별의 순간'이 되었습니다. 사람들은 왜 지금 물가가 이렇게 올라서 살기 어려운지 비로소 이해하게 되었습니다. 대통령이 든 대파는 대파에서 머물지 않고 이태원, 잼버리, 엑스포라는 3대 악재, 그리고 R&D 예산 삭감과 의료 대란을 상기시켰습니다.

좌든 우든 사람들은 살 만하면 일단은 두고 봅니다. 심지어 부패한 정부라도 유능하다면 참을 수 있습니다. 그러나 무능은 선거에서 잘 용납하지 않습니다. 유능한 정부는 우연으로 가능합니다. 전두환 정부에서 우리나라는 3저 호황을 누렸습니다. 그러나 무능한 정부는 우연이 없습니다. 머리는 빌리면 된다던 김영삼 정부에서 우리는 외환 위기를 맞았고, 결과는 헌정 사상 첫 평화적 정권 교체였습니다.

조국혁신당이 민주당의 승리 견인

그런데 심판이 아무리 강력하다고 해도 선거가 그것만으로 끝나는 것은 아닙니다. 대안으로서 야당의 존재가 국민들의 선택을 받을 수 있어야 하기 때문입니다. 제22대 총선에서는 민주당이 아니라 조국혁신당의 존재가 특히 진보 정당의 입장에서 중요한 변수가 되었습니다.

제1야당인 민주당은 공천에서 상당한 잡음을 냈습니다. 여당과 제대로 싸우지 못한다는 평가도 있었습니다. 그러자 조국혁신당은 비례 대표 정당 투표에서 대안적 선택지로 민주당의 빈자리를 채웠습니다. 소위 '지민비조' 전략은 야권 지지층 중에서 민주당에 투표하기를 주저하는 유권자들을 투표장으로 불러낼 유인이 되었습니다. 국민의힘에 실망한 사람들 중에서 민주당을 찍으러 투표장에 나갈 생각이 없던 유권자들, 야권 지지자이지만 민주당에 일종의 경고를 보내고 싶은 유권자들이 반응했습니다. 실제로 호남 등 민주당 텃밭에서 높게 나타난 조국혁신당 정당 투표 득표율은 이런 투표가 실재했을 가능성을 보여 줍니다. 비례 대표에서 조국혁신당을 찍기 위해 일단 투표장에 나간 유권자들이 지역구 투표에서 국민의힘을 찍었을 가능성은 거의 없었을 것입니다. 조국혁신당이 없었다면 투표율은 더 낮았을 것이고 이것은 지역구에서 제1야당인 민주당에게 불리하게 작용했을 겁니다. 이렇게 되면 질문은 '왜 그 표를 진보 정당이 받지 못했는가'에 집중됩니다.

진보 정당 독자 지지층의 부재

녹색정의당 입장에서는 정권 심판론이라는 구도 자체는 불리한 조건이 아니었습니다. 과거의 전례로 보면, 진보 정당은 대체로 민주당 계열의 정당이 승리할 때 많은 의석을 얻었기

압축 소멸 사회

때문입니다. 그래서 근본적이고 구조적인 문제는 야권에 조국혁신당이라는 대안이 존재했다는 사건사적 변수가 아니라 (녹색)정의당이 지난 몇 년 동안 낮은 지지율을 지속하고 있었다는 점에 있습니다.

녹색정의당은 제22대 총선에서 2.14%(60만 9313표)를 득표했습니다. 정의당 기준으로 2년 전 지방 선거에서 기록한 4.14%(91만 6428표)에 비해서도 30만 표가 줄어든 것입니다. 이러한 지지율 하락은 장기적 추세에서도 확인됩니다. 2018년 지방 선거에서는 9%대를 득표했지만 지난 대선에서 심상정 후보는 2.37% 득표에 그쳤습니다. 총선 전 정의당 내부에서는, 최근의 득표율은 낮았지만 정권 심판론이 강하게 작동하면 적어도 6~8% 정도의 득표율은 회복할 수 있으리라고 전망했습니다. 그러나 이런 판단은 지나친 낙관론이었다는 것이 드러났습니다.

김기동·이재묵이 2020년에 발표한 논문 〈한국정치의 유권자 지형〉은 '한국종합사회조사' 데이터를 기반으로 2003년부터 2018년까지 유권자들의 정당 일체감에 따른 정치 이념의 흐름을 보여 줍니다. 민주노동당이 처음 원내 진입에 성공한 2000년대 초반에는, 한국의 유권자층이 '보수-중도-민주당(리버럴)-진보'라는 4개의 그룹으로 비교적 명확하게 구분됩니다. 그런데 노무현 정부 시기에 민주당과 진보 정당의 차이는 점점 줄어들어서 노무현 정부 말기에는 두 지지층이 거의 수렴

합니다. 그리고 보수가 재집권에 성공한 이명박 정부 때부터는 두 정당 지지자들의 이념적 차이가 거의 나타나지 않습니다. 2012년 대선 이후 두 정당의 지지자들은 함께 진보 성향이 더 강해졌고 2016년 촛불 이후에는 완전히 수렴했습니다.

이러한 유권자 그룹 재배열의 원인을 종합적으로 설명할 만한 이론적·실제적 분석 결과는 아직 없습니다. 그러나 정치적 상황을 배경으로 추측해 보자면 김대중·노무현 정부 10년 동안 한국의 민주·진보 진영 유권자들이 자신들의 표를 진보 정당에 일부 나눠 줄 수 있는 여유를 갖고 있다가, 이명박·박근혜 보수 정권이 들어서자 민주 진영의 제1당에 보다 집중적인 지지를 보내게 된 현상으로 이해할 수 있을 것입니다. 달리 말하면, 과거 진보 정당에 대한 지지는 진보 정당을 1순위로 지지하는 독자적인 유권자 지지 집단에서 나온 것이 아니었던 것입니다.

그럼에도 불구하고 어떻게 진보 정당은 20년 가까이 원내 정당을 유지할 수 있었을까요? 여러 연구와 조사 결과들의 내용이 거짓이 아니라면, 이것은 한국의 민주 진보 세력을 지지하는 유권자들 중 일부가 '원내에 진보 정당도 하나 있어야 한다'는 생각을 갖고 있었기 때문이라는 것 외에는 설명이 되지 않습니다. 정의당은 독자적으로 원내 정당 진입에 필요한 수준의 지지 기반을 가졌던 적이 거의 없고, 잠재적인 민주당 지지자들 중에서 정의당의 역할을 인정하는 사람들의 표를 받아서 원내 의석을 유지했던 셈입니다.

실제로 진보 정당의 의석수는 진보 정당 자체의 역량 못지않게 민주당을 중심으로 다른 정당들의 의석수에 많은 영향을 받았습니다. 제17대에 열린우리당이 민주 진영 정당으로는 헌정 사상 처음으로 과반 의석을 점했을 때 민주노동당은 10석으로 의회에 진출했습니다. 제18대에 통합민주당이 81석으로 줄었을 때 민주노동당 의석은 5석으로 반토막이 났습니다. 제19대에 민주통합당이 다시 127석으로 늘어났을 때 통합진보당은 13석으로 역대 최대 의석을 차지했습니다. 그런데 여기가 하나의 변곡점이 됩니다.

제20대 총선에서 123석의 민주당이 122석의 새누리당을 앞서는 다수당이 되었지만, 민주당 유권자들은 진보 정당이 아닌 국민의당에 38석을 몰아주었습니다. 정의당은 6석에 불과했습니다. 제21대 총선에서는 연동형 선거 제도가 도입되었음에도 정의당의 의석은 6석 그대로였습니다. 왜 이런 일이 일어났을까요? 세 가지로 생각해 볼 수 있습니다. 첫째는 위에서 설명한 대로 진보 정당을 우선적으로 지지하지 않는 다수의 민주·진보 성향의 유권자들에게 다른 선택지가 생겼다는 것. 둘째는 그들이 어떤 이유로 더 이상 진보 정당에 투표할 유인을 갖지 못했다는 것. 셋째는 정의당의 지지층이 당내에서 생각한 것과 이미 많이 달라지고 있었다는 것입니다.

진보적이지 않은 진보 정당 지지자들

김기동·이재묵의 연구에서는 2018년에 이르면 정의당보다 민주당 지지자들의 진보성이 더 강하게 나타납니다. 이것은 다른 연구에서도 확인됩니다. 2020년 총선을 대상으로 한국정치학회와 한국정당학회는 '유권자 정치 의식 조사'를 실시했습니다. 이 조사에서 정당 일체감과 정치 이념의 평균을 보면, 10점 척도(진보 0-보수 10)에서 무당파는 5.21을, 미래통합당은 7.47을 보였습니다. 더불어민주당이 3.08이었는데 여기서 정의당 유권자들의 성향은 4.67로 나타났습니다. 정의당 지지자들의 평균값이 민주당 지지자들보다 더 중도적이었습니다.

앞서 2018년까지의 시계열 조사에서 정당 일체감에 따른 이념 성향에서 민주당과 정의당 지지자들이 역전되었던 현상이 2020년에도 그대로 확인됩니다. 연구자들은 주관적 이념 성향 외에 실제 복지·노동·젠더·북한·환경 등 정책 이슈에 대한 태도를 확인했는데 여기서도 정의당 지지자들은 민주당과 다른 독립적인 차별성을 보여 주지 않았습니다. 놀랍게도 2015년 이후의 상당수 정의당 지지자들은 우리 사회에서 전통적인 의미의 진보적인 시민들이 아니었습니다. 결정적인 순간에 정의당의 가치와 노선을 지지해 줄 진짜 진보 지지자들은 줄어들었거나 다른 곳으로 이동했던 것입니다.

보통 우리는 진보 정당 유권자들이 지역구 투표에서는 소선거구제의 특성 때문에 당선 가능한 민주당 후보를 찍고 비례 대표에서는 진보 정당을 찍는 전략적 투표strategic vote와 분할 투표split vote를 한다고 생각해 왔습니다. 그런데 최근의 투표 성향에서는 이러한 상황이 나타나지 않았습니다. 지역구는 물론이고 비례 대표에서도 정의당 지지자들이 특별히 더 정의당에 표를 몰아주지 않았습니다. 심지어 2020년 총선에서는 연동형 비례 대표제가 처음 도입되었고 양대 정당이 위성 정당을 만들어 선거법 개정의 취지를 훼손했는데도, 정의당 지지자들의 투표 행태는 민주당 지지자들과 차별성이 없었습니다.

결국 유권자층의 재배열에서 보면 정의당의 몰락은 예견된 것이었습니다. 장기적으로는 민주노동당이 막 원내에 진입해서 첫 국회의원 임기를 끝내던 바로 그 시기부터, 2010년 민주당이 장악한 서울시의회에서 무상 급식 조례가 통과되던 때를 거쳐, 2012년 대선에서 문재인과 박근혜가 모두 복지 국가를 국가 비전으로 제시하고 경쟁하던 시기, 그리고 2016년 촛불과 2020년 총선을 거치면서, 정의당의 독자적인 지지층은 신속하고도 분명히 그리고 지속적으로 사라졌습니다.

연동형 선거 제도와 진보 정당의 착각

연동형 선거 제도에서 위성 정당이 없었다면 정의당의 의석은 크게 늘어났을 것입니다. 그러나 분명한 것은 미래통합당

자매 정당의 의석이 더 많이 늘어났을 것이라는 점입니다. 그리고 이런 결과는 다수의 민주 진보 진영 유권자들이 원하는 것이 아닙니다.

민주당을 찍든 정의당을 찍든 상관없는 유권자들이 가장 피하고 싶은 상황은 보수 정당의 의석이 늘어나는 것입니다. 정의당의 의석이 득표의 비례성에 맞게 확보되는 것은 그다음의 일입니다. 그래서 정의당이 위성 정당을 비판할 때 이것이 정치적으로 효과적이려면 한 가지 조건이 형성되어야 합니다. 다른 정당들의 의석과 관계없이, 심지어 보수 정당의 의석이 더 늘어나더라도, 정의당이 많은 의석을 갖는 것이 가장 중요하다고 생각하는 독자적 지지층이 존재해야 한다는 것입니다. 그러나 사실은 그렇지 못했습니다. 정의당이 아무리 '보수 양당'이라고 싸잡아 비판해도 유권자들의 생각은 달랐습니다. 진보적 유권자들이 보기에는 그 두 정당은 꽤 달랐습니다. 그 두 정당 중 누가 이기느냐가 정의당의 의석수보다 중요했습니다. 그래서 정치학자들과 정의당이 아무리 위성 정당을 비판해도, 제도의 취지나 이론적 공정성보다는 실제 의석 배분을 더 중요하게 생각하는 유권자들은 페널티penalty를 강하게 주지 못한 것입니다.

특히 제22대 총선에서는 그 상황이 적나라하게 드러났습니다. 지난 총선에서 정의당은 위성 정당을 탓했습니다. 그러나 제22대 총선에서는 그러지 못했습니다. 일단 3% 이상을 득표해야, 표를 얻은 만큼의 의석을 배분받지 못했다고 비판할 수 있습니다. 그런데 녹색정의당의 득표율은 2.14%였습니다. 3.61%로 비례에서 2석을 얻은 개혁신당에도 미치지 못했지요. 반면 더불어민주연합이라는 위성 정당이 있었음에도 조국혁신당은 24% 넘게 득표했습니다. 제3지대가 없었던 것이 아니라 제3지대에 정의당이 설 자리가 없었습니다. 정의당은 선거 제도의 취지를 훼손한 양대 정당을 비판했지만, 진보 진영의 유권자들은 정의당에 표를 줄 생각이 별로 없었습니다. 그래서 위성 정당 비판은 힘을 받지 못했던 것입니다.

진보 정당은 재기할 수 있을까

소득 불평등보다 자산 불평등이, 생산 수단의 소유만큼 부동산의 소유가 중요해진 시대입니다. 정규직-비정규직의 차이보다 기업 규모의 차이가 임금의 격차를 만들어 냅니다. 노동과 고용의 유형은 예전보다 한층 복잡해졌습니다. 사람의 수명이 100세까지 연장되면서 삶의 주기 자체가 달라졌습니다. 이러한 시대적 변화는 전통적 계급 사회, 진보·보수의 사회, 민주·반민주의 사회가 더 이상 존재하지 않고 노동의 분화, 자본의 분화, 세계 질서와 국민 국가의 성격 변화, 생애 주기의 변화가 우리 앞에 놓여 있다는 것을 의미합니다.

한국은 이것보다 훨씬 복합적인 위기를 맞고 있습니다. 앞에서 말한 변화와 더불어 젠더 갈등, 세대 갈등, 문화적 갈등, 수도권 집중과 지방 소멸, 저출생 고령화 문제, 이민자·소수자 문제, 지정학적 문제, 지속가능한 기후 대응과 에너지·산업 전환 등 복합 위기 시대가 시작되었다는 것을 의미합니다. 이런 문제에 대한 해답을 내놓기에 한국의 진보 정당은 충분히 유능했을까요?

사회적 소통은 소셜 네트워크를 중심으로 재편되었습니다. 소셜 네트워크는 한편으로 새로운 시대가 만들어 낸 기술적 변화의 산물이면서, 이 시대의 주체들이 상호 작용하는 매개체이자, 전통적 산업 사회와 국민 국가의 시대를 넘어선 새로운 세계의 상부 구조를 구성하는 네트워크 장치입니다. 이 새로운 시대의 사람들은 더 이상 수직적·교리적 거대 이론에 따른 강령 중심적·집단적·조직적 정치 슬로건에 영향을 받기를 거부합니다. 20세기적 정치적 올바름은 극단적으로 다원주의적이고 복합적인 딜레마들 앞에서 현실적인 대안을 제시하지 못하고 있습니다. 세계는 극단적으로 복잡해지고 동시에 단순해지고 있습니다. 더 많은 정보들이 쏟아지는 상황에서 사람들은 소수의 정보만을 신뢰하게 됩니다. 거대한 딜레마의 세계이지요.

이 세계에서 최근 10여 년간 진보 정당의 모습은 고차 방정식을 한자리 수의 덧셈 뺄셈으로 해결하려는 것처럼 위태해 보였습니다. 예를 들어 기후 위기와 전통 산업 노동자들의 일자리, 지방 소멸 대응 사이에 나타나는 균형 발전과 정의로운 전환의 문제처럼 복잡한 갈등을 만나면, 진보 정당은 원칙적 입장을 견지하면서 현실적으로 무력한 모습을 보였습니다.

진보 정당은 유권자들의 첫 번째 선택지가 되지 못했고, 정치적 상황에 따른 두세 번째 선택지에 오랫동안 머물렀습니다. 선거 제도가 그들을 구원하리라는 생각은 제도 환원주의에 빠진 착각이었습니다. 달리 말해 정의당은 자신들이 서 있는 자리를 제대로 알지 못했고, 그보다 당내 정파주의적인 이해관계에 더 많이 매몰되었으며, 그 때문에 선택할 수 있는 전략이 많지 않았습니다. 종래에는 당의 핵심 인사들이 모두 무책임하게 빠진 임시 지도부가 치른 마지막 선거에서, 다른 진보 정당과의 임시적 통합이라는 어정쩡한 결합, 그리고 극단적으로 전투적인 캠페인과 무릎 꿇고 반성하는 태도를 동시에 보여 주는 대혼란의 선거 전략 속에서 무너졌습니다.

정의당이, 진보의 정체성을 가진 정당이 빠른 시일 내에 다시 부활할 수 있을까요? 원내 진출을 내다볼 수 있을 만큼 재정비될 수 있을까요? 현재로서는 쉽지 않아 보입니다. 진보 정당의 구세대는 자신들의 시대가 지나간 다음에도 너무 오랫동안 당의 주도권을 잡고 있었고, 그들의 마지막은 아름답지 못했습니다. 그것은 너무 늦은 퇴장이었고 그들의 퇴장이 곧 당의 퇴장, 진보 정치의 퇴장이 되어 버렸습니다.

그래서 소셜 네트워크 시대의 새로운 진보 정치는 아마도 그

라운드 제로ground zero에서 다시 시작되어야 할 것으로 보입니다. 그 주체가 누가 될지, 그 주제가 무엇이 될지는 미지수입니다. 그러나 그것이 이전과는 달리 처음부터 충분히 정치적이어야 하고, 대중적이어야 하며, 현실의 문제에 대해 당위가 아니라 해답을 제시할 수 있어야 한다는 것, 그래야만 수평적 네트워크의 공간에서 동조자들을 얻어 갈 수 있으리라는 것만은 분명합니다. 새로 시작하는 모든 분들의 건투를 빕니다.

4부

다시
희망을
찾아서

기후 재난은
선거를 어떻게
바꿀 것인가

2024년에는 추석秋夕이 아니라 '하석夏夕'이 왔습니다. 잠자리가 날고 코스모스가 피어야 할 추석인데 올해는 에어컨 없이 지낼 수 없는 지경이었습니다. 아니, 추석이 아니라 11월이 되었는데도 지하철에서 에어컨을 틀었습니다. 한파 걱정을 하던 수능 날, 어떤 학생들은 반바지를 입고 시험을 봤습니다. 한국이 4계절이 아니라 여름과 겨울만 있는 2계절의 시대로 접어들고 있다는 것, 더위와 추위가 길어지고 극단으로 치닫고 있다는 것을 우리는 분명히 깨닫게 되었습니다.

무엇인가를 깨닫는 것은 좋은 일입니다. 다만 우리의 문제는 그 깨달음이 정확히 '거기'에 머물고 있다는 점입니다. 날씨가 덥거나 춥다는 것, 그래서 세상이 이상해졌다고 말하면서 어서

이 폭염이나 혹한이 물러가기만을 바라는 그 마음, 거기에 머물고 만다는 게 문제입니다. 그때그때 뉴스를 듣고 또 잊어버리는 것이죠. 사회가 어떤 일에 대해 대처하는 방식은 다양할 겁니다. 깨달음의 깊이에 따라 대처 방식도 달라질 것입니다.

인간은 힘이 세다

사실 기후란 너무 엄청난 일이라서 인간이 아무것도 할 수 없을 것 같은 무력감을 느낄 수도 있습니다. 비슷한 것으로 예전 우리는 '가난은 나라님도 구제 못 한다'고 했지요. 풍년과 흉년을 결정하는 것은 날씨와 농부의 노력인데 그것만은 나라님도 어찌할 수 없다고 생각한 것입니다. 일면 타당한 생각입니다. 하늘의 일과 개인들의 마음을 나라가 어찌겠습니까. 그러나 적어도 우리 조상들은 흉년에 구제할 방도를 찾고 농사짓는 법을 가르칠 수는 있다고 생각했습니다. 이것이 인간이 할 수 있는 일입니다. '진인사盡人事'를 한 다음에 '대천명待天命'하는 것이지요. 그리고 지금은 누구도 가난을 국가가 해결할 수 없는 일이라고 생각하지 않습니다.

기후도 마찬가지입니다. 기후를 인간이 어쩔 수 있겠냐고 생각하지만 인간은 생각보다 힘이 셉니다. 기후 위기를 만든 것도 인간이기 때문입니다. 어떻게 한 생물종이 지구의 기후를 바꾸겠냐 싶지만 결국 인간은 해냈습니다. 자연적으로는

압축 소멸 사회

1000년 동안 바뀌지 않을 온도를 100년 만에 올린 겁니다. 이 어려운 걸 해낸 인간이 또 뭘 못 하겠습니까.

더 희망적인 가까운 사례도 있습니다. 한때 우리는 프레온 가스로 오존층이 파괴되어 남극의 빙하가 녹고 있는 것을 걱정했습니다. 그래서 인간은 1989년 '오존층 파괴 물질에 관한 몬트리올 의정서'를 채택하고 프레온 가스 사용량을 99% 줄였습니다. 최근 연구에 따르면 오존층이 회복되고 있고 2060년대가 되면 예전 수준으로 회복될 것이라고 합니다. 인간은 생각보다 힘이 셉니다.

그래서 하석을 맞은 우리도 뭔가를 할 수 있을 겁니다. 추석에 날씨가 뜨거운 걸 인간이 어쩌란 말이냐고 주저앉아 있다가 비가 오고 날이 추워지면 잊어버리는 사회는, 사실 기후가 아니라 다른 일들에 대해서도 비슷한 수준의 대처를 할 가능성이 높습니다. 우리 말고 다른 나라들은 어떻게 하고 있을까요?

기후가 바꾼 선거들

사실 기후 변화, 기후 재난은 다른 나라들에서도 많이 나타납니다. 특히 폭염과 홍수는 영국, 프랑스, 독일 등 유럽의 선진국들도 자주 경험하는 기후 재앙입니다. 가뭄과 산불은 그리스, 터키, 이탈리아 같은 지중해의 여러 나라들과 남반구의 호주를 덮치기도 했습니다. 그래서 어떤 나라에서는 탄소세를 도입하고, 재생 에너지 비율을 높이고, 내연 기관차의 생산과 유통을 중지시키기도 합니다. 그리고 어떤 나라에서는 선거의 판도가 바뀌기도 합니다.

지난 2021년에 치러진 독일 총선에서는 사민당과 기민당이 각각 206석, 196석을 차지한 가운데 녹색당이 무려 118석을 차지했습니다. 녹색당은 이전에도 50여 석을 차지했지만 지역구 당선자는 한 명뿐이었습니다. 정당 득표율은 어느 정도 되지만 지역구에서 1등을 하기는 어려웠기 때문에, 그전까지는 연동형 선거 제도에 따라 비례 대표에서 대부분의 의석이 나왔던 것입니다. 그러나 지난 총선에서는 16개 지역구에서 녹색당의 당선자가 나왔습니다. 이제 녹색당은 확실히 독일 정치에서 '주류' 정당이 되었다고 말할 수 있게 되었습니다. 정책으로 보면 기후가 정치의 주류 의제로 선택받은 것입니다.

2022년 호주 총선은 전 세계적으로 처음 '기후 총선'이라고 불린 선거였습니다. 2019년 가을에 시작한 산불이 이듬해 봄까지 이어졌고 불에 탄 지역은 우리나라 전체 면적에 달했습니다. 수십 명의 인명 피해가 났고 야생 동물도 무려 5억 마리가 숨졌습니다. 대형 산불은 환경 재앙에 머물지 않고 경제와 민생에도 영향을 미쳤습니다. 주택 보험료와 부동산 가격이 급등했고, 기후 재난이 잦은 곳의 관광 수입은 크게 줄어들었습니다. 많은 연구가 호주 산불의 원인으로 기후 변화를 지목했습니다.

이런 상황에서 치러진 총선은 기후 위기에 적극적으로 대응하겠다는 노동당의 극적인 승리로 끝났습니다. 선거 후에는, 기후 변화에 대한 적극적인 국가의 책임을 요구한 여성들이 총선 판도를 바꿨다는 분석이 나왔습니다.

수사와 기소로는 해결할 수 없는 기후 재난

윤석열 정부 들어 우리도 많은 기후 재난을 겪었습니다. 서울 한복판에 침수가 일어났고, 반지하에 살던 이웃들이 빠져나오지 못했고, 지하 차도에 갇혀 사람이 죽었습니다. 그런데 우리의 대응은 어땠습니까? 도심의 침수와 반지하 주거 시설에 대해 근본적인 해결책을 고민하기보다는 방수벽을 높이는 것에 그쳤습니다. 침수가 아니라 건강과 인권의 측면에서도 문제가 많은 반지하방을 대체할 수 있는 임대 아파트 예산은 오히려 줄었습니다. 대통령을 비롯해서 많은 정치인들이 사고 직후에는 반지하를 찾아 대안을 약속했지만 결국 아무것도 없었습니다. 기후 위기 대응이라는 더 큰 차원의 고민은 아예 찾아보기 어려웠습니다.

이 정부는 또 검찰 정부라는 특성을 기후 재난 앞에서도 잘 보여 주었습니다. 기후 재난을 단순한 안전사고로 보고 수사를 통해 모든 문제를 해결하려는 것입니다. 법에 나와 있는 대로 잘못을 따지고 나쁜 놈을 찾아내면 된다는 식입니다. 그런데 과연 그렇게 해서 기후 재난을 막을 수 있을까요? 수레 앞의 사마귀는 아닐까요?

듣기로 검사들은 나라가 망할 때도 대책이 있다고 합니다. '망하게 한 놈을 잡아내면 된다'는 것입니다. 만약 그렇다고 한다면 방법이 없지는 않습니다. 한국은 세계적으로 공인된 '기후 악당'입니다. 우리가 추석이 아닌 하석을 보내게 된 여러 원인 제공자 중 하나가 바로 우리 자신, 대한민국이라는 겁니다. 만약 검찰의 방식대로라면 그 기후 악당이 어떤 나쁜 일을 하고 있는지 수사하고 책임자를 기소하면 문제가 해결되는 게 아니겠습니까?

사실 유무죄만을 따지고, 기소와 불기소만을 따지는 직업적 특성상 검사들은 구조와 시스템을 보기 어려울 겁니다. 그들이 무능하거나 악의적이어서가 아니라, 그들의 업무 범위를 넘어서기 때문입니다. 특별히 누군가 고의적으로 어떤 사건을 일으킨 것을 확인하지 못하면 문제를 해결할 방도가 없는 것입니다. 이런 태도가 기후 위기에 대응하는 방식에서도 이어지고 있는 것으로 보입니다.

정부의 태도를 비판하는 쪽의 입장도 상황이 썩 좋은 것만은 아닙니다. 야당이 정부의 무능을 지적하고 시정을 요구하는 것은 당연합니다. 그런데 문제는 그 '무능'의 범주가 너무 좁다는 것입니다. 말 그대로 일회성 정치적 공세의 수준을 넘지 못하고 있습니다. 일차적으로 침수되는 주택들을 보고도 퇴근하는 대통령에 대해서는 국정 책임자로서의 태도에 대한 책임을 엄하게 물어야 합니다. 그러나 그것만으로는 부족합니다. 이 정부가 국가적 책무와 국제적 기준에서 가장 퇴행하고 있는 분야, 또 산업 경쟁력 측면에서도 가장 취약해지고 있는 분야가 기후 위기 대응이라면, 보다 일관되고 전방위적인 정책적 비판과 대안의 제시가 필요합니다.

정치적으로 유능한 야당이라면 '날씨가 덥다고 대통령을 탓하면 되겠나?'는 소리가 나오도록 해야 합니다. 그게 이슈가 되도록 해야 합니다. '우리는 그것을 탓하는 게 아니라 이렇게 기후 위기가 심한데도 정부가 아무것도 안 하는 것을 지적하는 것이다'라는 말이, 하나의 정치적 쟁점이 될 수 있도록 해야 합니다. 정책적 사안을 정치적 레토릭으로 만들어 효과적으로 활용해야 합니다. 사실 정치인들이란 원래 그런 것을 잘하는 사람들이 아니었던가요?

키케로가 말한 것처럼 공화정이란 '사적 이익을 추구하는 정치인들의 행위가 공적 이익에 부합하게 되는 체계'입니다. 폭염으로 사람이 죽어 가는 세상입니다. 상대적으로 진보적 가치를 지향하는 정치인들이라면 한편으로는 노동의 권리와 인권을, 다른 한편으로는 기후 위기 대응을 말해야 하는 시기가 아닐까요.

전기 요금 차등제에 대처하는 방법

에어컨 없이는 추석도 지내기 어려운 때입니다. 그런데 이제 곧 전기 요금 차등제가 실시됩니다. 분산에너지법이 지방 선거가 실시되는 2026년에 본격 시행되면서 사는 지역에 따라, 또 그 지역의 에너지 자립도에 따라 전기 요금이 달라집니다. 에너지를 많이 생산하는 지역은 적게 내고, 적게 생산하는 곳은 좀 더 많이 내야 할 겁니다.

17개 광역 자치 단체 가운데 에너지 자립률이 100% 이상인 지역은 부산과 인천, 울산, 세종, 강원, 충남, 전남, 경북, 경남 등 9곳입니다. 경기도는 61%, 전북은 68.7%, 제주는 79.7%로 그럭저럭 양호한 편입니다. 반면 서울은 8.9%, 대전 2.9%, 광주 8.4%, 충북 9.4%, 대구 15.4%입니다. 그동안 에너지는 지방에서 열심히 생산해 대도시로 날랐습니다. 그러면서도 모두가 같은 요금을 냈습니다. 발전소와 송전탑으로 인해 많은 환경 문제와 삶의 질 문제가 발생했지만 그동안은 산업과 경제, 대도시의 발전을 위해 지방이 희생을 감수했습니다. 전기 요금도 너무 쌌습니다. 그러나 이제는 그것이 지속가능하지 않다는 것입니다.

전기 요금 차등제를 시행하기로 한 이유에는 국토 불균형을 해소하고 형평성을 맞춰야 한다는 취지도 있지만, 이렇게 하지 않으면 지자체들이 스스로 에너지를 생산하거나 효율적으로 사용하려고 하지 않기 때문입니다. 에너지 전환 문제는 사실 에너지를 많이 사용하는 쪽에서 집중적으로 고민해야 할 텐데 대도시는 쓰기만 하고 고민을 거의 안 합니다. 지금 보듯이 대도시들은 쓰레기 문제조차 내부에서 해결하려 들지 않을 정도니 에너지는 더욱 그렇지 않겠습니까?

에너지의 생산뿐 아니라 지금은 에너지 전환이라는 과제도 우리 앞에 와 있습니다. 탄소 배출량을 국제 기준에 맞춰 줄이기 위해서는 석탄 발전소를 줄이는 것이 급선무입니다. 이미 올해부터 지방에서는 석탄 발전소를 매년 하나둘씩 폐쇄하고 있는데, 지역에서는 경제와 일자리에 상당한 부담이 됩니다. 그러나 이에 대한 관심이 서울과 수도권, 대도시에서는 별로 없습니다. 남의 일입니다. 지금까지 거기서 생산한 값싼 전기를 수십 년 동안 잘 써 왔는데 말입니다. 이렇게 에너지 생산과 전환 과정에서 겪는 어려움이 지금까지는 모두 지방에 전가되어 왔습니다. 이걸 바꾸기 위해 전기 요금 차등제가 꼭 필요합니다.

2026 기후 지방 선거는 벌써 시작

희망적인 것은, 이 제도가 본격 시행되는 시점이 지방 선거와 맞물려 있다는 사실입니다. 이제 전기 요금 문제는 나라님도 구제 못 하는 가난 같은 문제가 아닙니다. 지자체장이 얼마나 의지를 갖고 제대로 된 계획을 세워 전력 자립도를 높일 수 있을 것인지, 또 민간 사업자나 다른 지자체들과의 협력을 통해 얼마나 많은 재생 에너지로의 전환을 이루어 낼 수 있을 것인지의 문제가 되었습니다.

어떤 사람을 뽑느냐에 따라서 이제 전기 요금도 지역별로 얼마든지 바뀔 수 있는 시대가 옵니다. 기후 대응에 유능한 지자체장을 뽑은 지역은 청정에너지로 무더위를 식힐 수 있을 것이고, 기후에 관심도 없고 무능한 단체장이 있는 지역에서는 전기 요금이 무서워 폭염 때마다 대책을 세우느라 부산을 떨 것입니다. 이제 어떤 지역 주민들은 이렇게 대응을 잘하니 훌륭하다고 박수를 치고, 다른 지역에서는 왜 우리만 이렇게 어려움을 겪느냐고 가슴을 치게 될지도 모릅니다.

2026년 기후 지방 선거는 이미 시작되었습니다. 산업부는 적극적인 지자체들이 이런 정책들을 미리 세우고 선도할 수 있도록 '분산 에너지 특구'를 공모해 선정할 예정입니다. 선정된 지역에서는 민간 발전 사업자가 전기 공급 독점 사업자인 한국전력을 거치지 않고 소비자에게 직접 저렴하게 전력을 팔 수도 있습니다. 특구로 선정된 지역에 대해서는 예산과 금융 지원도 이뤄집니다. 전기 요금이 싸지면 산업 유치와 일자리 창출에도 당연히 유리하겠지요.

좋은 정치란 무엇인가

맹자가 말했습니다. '좋은 정치란 사람을 업어서 개울을 건네주는 것이 아니라 다리를 놓아 주는 것이다.' 재난이 들었을 때 위정자의 역할은 하늘을 바라보며 비가 그치기만을 기다리는 것은 아니었습니다. 홍수가 나기 전에 제방을 쌓고 가뭄이 들기 전에 저수지를 만들었습니다. 그것도 모자라면 하다못해 기우제라도 지냈습니다. 사람이 뭐라도 하려고 한 것입니다.

그런데 기후 위기, 기후 재난에 맞서 지금의 정부는 무엇을 하려는지 잘 모르겠습니다. 야당은 물론 정부의 무능을 탓할 것입니다. 그러나 그뿐입니다. 지금 다수당인 야당이 국회에서 기후 대응 입법과 정책을 선도하고 야당의 지자체장들이 분산 에너지법 대응에 선제적으로 대처하는 모습을 보여 줘야, 정부·여당과 확실히 다르다고 국민들은 생각할 것입니다.

봄과 가을이 사라지고 여름과 겨울만 존재하는 한국, 어쩌면 이것은 날씨에만 국한되지 않는 것 같습니다. 모든 것이 그때그때 너무 뜨겁거나 차갑기만 합니다. 이것 아니면 저것입니다. 세상의 삶은 지구의 생태계처럼 단순하지 않은데 우리는 이편이 아니면 저편입니다. 그러나 기후 위기란 있거나 없거나 하고, 대비를 하거나 안 하거나 선택하면 되는 그런 일이 아닙니다. 이쪽 편을 찍으면 다 해결되고 저쪽 편을 찍으면 그저 다 포기하고 손 놓고 있으면 되는 그런 일도 아닙니다. 누가 되든 해야 할 일이 있고 그걸 강제하는 것은 결국 국민의 관심입니다.

2024년 겨울은 매우 추워서 우리들은 또 난방비 고지서 받아 보기를 두려워할 것이고, 봄에는 여기저기 산불이 창궐할 것이고, 여름이면 또 홍수와 폭염이 한반도를 덮칠 것입니다. 그럼 우리는 또 '작년에도 이렇게 더웠었나?' 할 것입니다. 그러나 우리는 이런 방식으로는 다른 문제에도 제대로 대응할 수 없으리라는 것이 분명합니다.

압축 소멸 사회

정치 복원,
압축 소멸을 막는
유일한 방법

희망이 없는 집단에서 개체들은 삶을 포기하기도 하고, 경쟁에 떠밀려 결혼을 포기하기도 하고, 결혼하더라도 후손을 낳지 않으려 합니다. 이것이 지금 한국 사회에 자살과 비혼과 저출생이 나타나는 원인입니다. 더 나은 삶의 기회를 잡고 싶은 젊은이들은 서울과 수도권으로 향합니다. 서울로 향한 젊은이 중 상당수는 아이를 낳을 여유나 생각이 없습니다. 청년들이 떠난 지방은 빠르게 고령화하고 있고, 교통이나 의료 같은 기본 인프라는 규모의 경제를 감당하지 못해 더 빠르게 줄어드는 추세입니다. 미래에 대한 희망이 없는 한국은 수축 사회를 넘어 소멸 사회로 가고 있습니다.

사실 이해하기 어려운 일입니다. 우리가 역사적으로 최정점에 올라선 순간 갑자기 소멸이 시작됐기 때문입니다. 열강의 손에 유린당하고, 엄혹한 일제 강점기를 거치고, 전쟁으로 폐허가 된 나라에서 불과 반세기 만에 근대화와 산업화, 민주화를 모두 성취하며 세계 10대 선진국 대열에 합류한 나라가 어쩌다 갑자기 이렇게 됐을까요?

고도성장과 과도 불안 사회

우리는 분명히 성공했습니다. 그러나 성공과 발전의 원동력이었던 발전주의, 성장 이데올로기, 능력주의, 개인주의, 개발주의가 이제는 거꾸로 한국 사회의 지속가능성과 공동체의 기반을 흔들고 있습니다. 특히 1997년 외환 위기 이후 급격하게 심화된 양극화는 각자도생 시대를 낳았습니다.

지난 한 세대 동안 한국은 자살률에서는 세계 최고를, 출생률에서는 세계 최저를 기록하는 사회가 됐고, 사회경제적 양극화 역시 OECD 국가들 가운데 가장 심각한 수준입니다. 지방은 소멸하고 있고 세계에서 가장 빠르게 초고령 사회로 진입하고 있습니다. 기후 위기에 대한 대응은 매우 늦고 민주주의의 질도 급격히 하락하고 있습니다. 역량 있고 성찰적인 시민을 길러야 할 교육 시스템은 불평등을 노골적으로 세습하는 도구가 됐습니다. 획일화한 시험만이 공정의 기준으로 인정받는 사회에서 대학수학능력시험 30년 동안 한국 교육은 거대한 입시 지옥으로 변했습니다. 좋은 일자리는 극소수에게만 돌아가고, 젊은 시절 한번 실패한 인생은 돌이킬 수 없습니다. 평범한 회사원과 노동자들은 아무리 열심히 일해도 소득만으로는 집을 마련하기 어려운 부동산 공화국이 됐고 그 결과 가계 부채는 산더미처럼 쌓였습니다.

이렇게 한국은 '압축 성장'에서 '압축 소멸'로 향하고 있습니다. '고속 성장'의 대가로 '과도 불안' 사회를 맞이했습니다. 경쟁에서 이긴 소수도, 탈락한 다수도 모두 행복하지 않습니다. 지금 대한민국은 어느 때보다 부강하지만 사람들은 불행한 삶을 살고 있습니다. 상대를 이기지 못하면 내가 죽는다는 극단적인 경쟁 속에 각자의 삶을 갈아 넣습니다. 이대로는 아무도 행복하지 않고 아무도 지속가능하지 않다는 것을 모두가 알면서도 말입니다.

정치는 우리 사회를 덮친 문제들을 해결하기는커녕 당장의 사회적 갈등이나 재난조차 해결할 능력을 보여 주지 못하고 있습니다. 아니, 더 정확히 말해 우리는 국가 부재 상태에서 무관심과 무능으로 일관하는 정치를 보고 있습니다.

지금 한국의 정치인과 정당들에는 경쟁만 있고 협력은 없다고들 합니다. 아닙니다. 경쟁도 없습니다. 정 어려우면 협치는 잘 안 될 수도 있습니다. 그럼 경쟁이라도 해야지요. 국민을 잘 살게 하고 국가적 문제를 해결할 정책 경쟁 말입니다. 그러나 그런 경쟁은 안 합니다. 정치적 비난을 할 뿐 대안에 대한 경쟁은 별로 없습니다. 오로지 상대를 적대화해 정치적 이익만 누리면 된다는 태도만이 확고합니다. 그래서 지금의 정치는 민주주의적 경쟁이 아니라 권력을 두고 벌어지는 인기투표에 불과한 것처럼 보입니다. 문제는 지금이 아닙니다. 만약 지금의 정치적 갈등, 경제적 위기, 사회적 분열이 2030년 정도까지 지속된다면 대한민국은 정말로 회복 불능의 상황에 빠질 것입니다. 그때가 되면 이미 많은 것들이 손쓸 수 없을 정도로 망가질까 봐 그것이 두렵습니다.

희망 소멸 사회를 지속가능한 공동체로 바꿔 나갈 전환점을 만들려면 사회적 합의가 필요합니다. 이것 없이는 소멸을 막을 수 없습니다. 대한민국의 근본적 문제들을 치유할 비전과 대안을 찾고, 그것을 실행하는 과정에서 각자가 감당해야 할 몫에 대한 합의를 이뤄 내야 합니다. 위기에 처한 사회를 구할 한국판 베버리지 보고서(영국의 경제학자 윌리엄 베버리지가 정부 위촉으로 사회 보장에 관한 문제를 연구·조사한 보고서)와 그것을 실천할 공동체의 연대가 필요한 것입니다.

먼저 정치를 복원해야 합니다. 민주주의자로서의 품격과 공동체 전체에 대한 책임을 가진 정치가 필요합니다. 대한민국의 현실을 정확하게 직시하며 미래를 걱정하고 대안을 고민하는 정치가 필요합니다. 정치를 왜 하는지에 대한 철학과 비전을 언제든지 물을 수 있는 정치, 국가를 이끌어 갈 수 있는 전문성과 리더십을 갖춘 정치, 소수의 지지자가 아니라 다수 국민의 의견에 귀를 기울일 줄 아는 정치가 우리에게는 절실합니다.

정치가 스스로 복원되지 않는다면 헌법적 주권을 가진 시민들이 새로운 정치를 촉구하고 스스로 만들어 나가야 합니다. 이를 위해 먼저 시민들의 숙의와 토론이 가능한 공론장이 필요합니다. 정확한 사실들을 모으고, 그에 대한 시민들의 의견이 활발하게 제기되고, 시민들 상호 간의 존중 속에서 이성과 상식에 기초한 숙의가 이뤄지며, 이렇게 모인 의견에 대해 정치가 반응하는 공론장이 요구되는 것입니다.

이 공론장을 위한 새로운 미디어도 필요합니다. 조회 수만 노리고 자기편만 보는 미디어는 민주주의에 아무런 도움이 되지 않습니다. 정제되지 않은 욕설과 비난이 난무하고, 의견 차이가 아닌 편 가르기로 상대를 악마화하는 곳에 민주주의는 존재하지 않습니다. 그것은 시민의 의견도, 민주주의도 아닙니다. 새로운 미디어를 통해 지금 대한민국의 진짜 문제들을 공론장에서 논의해 나가야 합니다.

주권자가 헌법적 권리 되찾아야

대한민국에는 위기 때마다 시민이 있었습니다. 독재에 맞선 4·19는 어린 학생들과 청년들이, 부마항쟁과 광주민주화운동은 학생들과 시민들이, 1987년 민주화는 시민과 노동자들이 이뤄 냈고, 민주화 이후 대통령 탄핵을 이끌어 냈던 2016년 촛불 현장에도 늘 주권자인 시민이 있었습니다.

지금 대한민국의 정치와 사회가 타락한 이유는 시민의 주권을 양도받은 세력들이 정치적 책임과 역사적 소명을 방기했기 때문입니다. 그러니 그들에게 책임을 물어야 할 사람은 결국 시민들입니다. 혐오와 갈등의 한국 사회, 압축 소멸 사회, 과도 불안 사회의 미래를 바꾸는 마중물이 될 시민들의 조직적·실천적 행동을 고민해야 합니다. 지금과 같은 무한 경쟁의 세계에서 비참한 삶을 살아가고 그래서 다음 세대에게 희망 없는 사회를 물려줄지, 아니면 행복을 꿈꾸며 살 수 있는 지속가능한 대한민국을 만들어 나갈지를 시민 스스로 결정해야 합니다.

무엇보다 시민의 헌법적 권리를 되찾는 것이 중요합니다. 모두가 누려야 할 기본권, 곧 평등하고 정의롭고 자유로운 나라에서 살 권리, 교육받을 권리, 주거의 권리, 기회 균등의 권리, 최소한의 인간다운 삶의 가치를 회복하기 위한 시민들의 행동이 필요합니다. 그 시작은 시민들이 스스로 정치를 바꾸고, 공론장을 형성하고, 시민들의 숙의와 토론을 통해 '더 나은 나라, 더 좋은 사회'를 어떻게 만들어 갈지에 대한 고민과 실천에서 출발할 것입니다.

다시 정치의 복원을 위하여

국민의 행복한 삶과 지속가능한 사회를 목표로 헌법에 보장된 국민의 기본권을 보장하는 사회가 되어야 합니다. 자살률과 출생률, 사회경제적 양극화 지수에서 OECD 평균 수준의 목표를 달성하기 위해 중·장기적 계획을 세우고 모든 정치·사회 세력이 이 목표를 달성하기 위해 함께 노력해야 합니다.

인간과 노동의 가치를 훼손하고 극심한 자산 양극화와 주거 불안을 가져오는 부동산 문제를 근본적으로 해결하기 위해 토지·주택의 소유와 사용에 대한 사회적 합의를 만들어야 합니다. 지금의 교육 제도, 입시 제도는 우리 아이들을 무한 경쟁 속으로 밀어 넣고 건강한 시민을 길러 내는 데 완전히 실패했습니다. 이제 학교 자체가 무너져 내리고 있습니다. 대학에서 공부하는 데 필요한 능력이 아니라 단순히 시험을 잘 보는 요령을 테스트하는 절차로 전락한 수능을 가능한 빨리 바꿔야 합니다. 교사와 학생, 학부모가 서로를 신뢰할 수 없는 현재의 교육 제도를 근본적으로 개선해야 합니다.

기후 위기 대응은 회피하거나 미룰 수 없는 인류사적 과제입니다. 또한 세계의 산업과 경제는 이미 기후 대응을 중심으로 급격히 변화하고 있습니다. 우리는 지속가능한 발전을 위해 국제적으로 합의된 기후 대응 목표를 달성해야 하며 이를 위한 국가적 목표를 세우고 사회의 모든 분야에서 능동적으로 추진해 나가야 합니다.

지역의 소멸은 대한민국의 소멸입니다. 부동산, 청년 일자리, 저출생·고령화, 교육 불평등, 경제적 양극화 등 많은 문제가 지역 불균형에서 기인하고 있습니다. 지역 소멸에 대응할 특단의 조처가 당장 강구돼야 합니다. 지역의 경쟁력 강화와 삶의 질 향상을 위한 종합적인 계획을 마련하고 대규모 재정을 투자해서 실천에 옮겨야 합니다.

모든 차별과 혐오에 반대하며 사회적 약자와 소수자가 동등한 시민적 권리를 누릴 수 있는 제도적·문화적 대안을 만들어야 합니다. 무엇보다 차별금지법의 제정이 시급합니다. 안전한 사회, 사람의 생명이 우선하는 사회를 만들어야 합니다. 가정과 일터, 생활 공간에서 억울하게 다치고 죽는 일이 없도록 해야 합니다. 한반도에서 항구적이고 안정적인 평화를 구축해야 합니다. 한반도의 생존과 번영을 위협하는 어떤 시도에도 단호히 반대해야 하며, 한반도의 비핵화와 남북 간 교류 협력, 긴장 완화를 지향해야 합니다.

'더 나은 나라, 더 좋은 사회'는 누가 대신 만들어 주지 않을 것입니다. 시민 스스로 소멸하는 대한민국을 멈추고 새로운 미래를 만들어 나가야 합니다. 정치가 가장 중요합니다. 정치 혐오로는 아무것도 이뤄 낼 수 없습니다. 지금은 정치가 만연해서가 아니라 정치가 아무것도 하지 않아서, 정치가 없어서 문제입니다. 정치가 아니라 권력 투쟁에만 몰두하는 정치인과 정당들에게는 박수든 비난이든 보낼 겨를이 없습니다. 우리에게 필요한 것은 정치 그 자체입니다.

극단적 권력 투쟁이 아닌 문제 해결을 위해 합리적 진보와 건전한 보수가 경쟁·협력하는 정치, 포퓰리즘과 팬덤을 넘어 당면한 문제를 해결하려고 노력하는 정치, 갈등을 드러내고 조정하고 화해시키는 정치, 미래에 대한 비전을 놓고 숙고하는 정치가 필요합니다. 그것만이 소멸을 막는 유일한 방법일 것입니다.

한강을
기념하는 법

2024년 10월, 광주광역시가 멋진 결정을 내렸습니다. 강기정 시장은 당초 정부 지원을 받아 커다란 문학관을 지어서 고향이 광주인 한강 작가의 노벨 문학상 수상을 기념하려고 했던 모양입니다. 그런데 이내 생각을 바꿨습니다. 강 시장은 "전쟁에 주검들이 실려 나가는 데 무슨 잔치를 여냐는 한강 작가의 말을 가슴에 담고, 성취를 기념하고 축하하는 방법을 조심스럽게 고민하고 있다"고 말했습니다.

광주시는 기념관을 짓는 대신 매년 시민 1명이 1권의 책을 바우처로 살 수 있도록 하는 방안을 찾는다고 합니다. 사실 노벨상 수상 이전부터 진즉 필요한 일이었습니다. 기본 소득이니 지역 화폐니 하는 말들이 익숙해질 정도의 '선진국'인데 모든 시민들에게 도서상품권을 줄 생각을 못했다는 것이 실은 아쉬운 일이었습니다.

이 바우처는 기존의 도서상품권과 다르게 꼭 '책'을 사게 하면 좋겠습니다. 참고서가 아니라 문학과 역사, 철학, 예술, 사회과학 분야의 책이면 좋겠습니다. 종이책이든 이북e-book이든 상관없습니다. 그러나 꼭 책이었으면 좋겠습니다. 모든 시민이 한 권씩 책을 사면 매년 광주에서 150만 권의 책이 팔리게 됩니다. 이 얼마나 좋은 일입니까.

작가의 기념관을 크게 짓는 것은, 애초에 민주화의 성지이자 예향임을 자랑하는 도시가 할 일이 아니었을 것입니다. 누구보다 한강 작가가 바라지 않을 일입니다. 기자 회견마저 거절한 작가는 저 앞에 가 있는데, 수상을 기념하려는 방식은 작가가 그토록 꺼리는 70년대 방식이 되어서는 곤란하지 않겠습니까.

"우리는 한강 작가를 생각하며 모든 시민이 일 년에 한 권씩 책을 읽기로 했습니다." 이런 말을 할 수 있는 도시라야 한강의 고향이라고 자부할 수 있을 것입니다. 광주는 이번에 광주다웠습니다.

남도의 끝 장흥을 아십니까

광주는 한강 작가가 태어난 곳이지만, 한강 작가의 문학적 배경이자 아버지 한승원 작가의 고향이며 집필실이 있는 전남 장흥 역시 이번 수상을 계기로 많은 일을 할 수 있는 곳입니다.

　남도의 끝자락 장흥에 가 본 사람은 알지만 이곳은 산, 들, 바다가 모두 제각기 아름다우면서도 조화로운 곳입니다. 목포에서 여수, 순천을 오가다 보면 보성, 벌교에 들어가기 전에 기이할 정도로 신비감을 주는 이 장흥을 지나게 됩니다. 장흥 읍내는 뒤로 맑은 산을, 앞으로는 푸른 들을, 그 너머로는 고흥을 마주한 득량만과 보성만에 접해 있습니다. 한여름 시원하게 소나기가 퍼붓고 지나간 뒤 구름이 제암산을 휘감으면 빗물에 젖은 푸른 들녘 너머로 잔잔한 바다가 반짝입니다. 맑고 감미롭고 정갈한 곳, 장흥입니다.

　섬진강만 남도의 강이 아닙니다. 탐진강은 장흥을 가로질러 유려하게 흘러 강진만에 이릅니다. 요즘 탐진강변에서는 매년 정남진 물축제가 여름의 열기를 식힙니다. 보성과 벌교만 알고 장흥을 모른다면 남도의 이쪽 편을 반만 아는 것입니다.

　장흥 앞바다를 따라 조금 내려가면 회령포를 만납니다. 1597년 음력 8월 18일, 망가진 몸으로 다시 삼도수군통제사에 제수된 이순신이 전라도에 돌아와서 칠천량에서 깨어지고 남은 12척의 배를 수습한 곳이 바로 이곳입니다. 칠천량에서 조선 수군은 사실상 전멸했고, 이제 100여 척이 넘는 왜선이 서해를 돌아 한양에 닿기만 하면 조선은 곧 도요토미 히데요시의 손에 떨어질 것이었습니다. 이를 막아 낼 마지막 희망은, 몸도 마음도 성치 않은 이순신과 한 줌의 조선 수군이었습니다. 회령포에서 겨우 수습한 배들을 몰아 이순신은 명량으로 향했습니다. 그로부터 한 달도 채 못 된 음력 9월 16일, 이순신과 조선 수군은 울돌목에서 133척의 왜선을 맞아 싸웠습니다. 그렇게 나라의 운명을 지켜 냈습니다.

이 장흥에서 소설가 한승원이 나고 자랐고, 장흥고등학교 재학 중에 송기숙을 만나 교내 잡지 《억불》을 창간해 처음 수필을 실었습니다. 그리고 서라벌예술대학에서 김동리를 만나 소설을 썼습니다. 올해 85세인 이 작가가 글을 써서 받은 상은 한국문학소설상, 한국문학작가상, 대한민국문학상, 이상문학상, 현대문학상, 서라벌문학상, 한국해양문학상, 현대불교문학상, 기리야마 환태평양 도서상, 동인문학상, 순천문학상입니다. 그리고 그 딸도 소설가인데 이번에 노벨 문학상을 받았습니다.

위대한 문학 앞에서 어디 상이 대수이겠습니까. 다만 이만한 작가 부녀를 낳은 고장이니, 왜 기념할 일이 없겠습니까. 광주가 광주의 방식으로 한강을 기억한다면, 장흥은 장흥답게 한강의 부녀를 기억할 방도가 있습니다.

도서관과 독립 서점이 가득한 장흥

영국에는 '헤이온 와이Hay-on-Wye'라는 작은 마을이 있습니다. 헤이온 와이는 잉글랜드와 웨일즈의 경계에 있어서 런던에서 차로 3시간이나 걸립니다. 멀지요. 또 작습니다. 우리로 따지면 읍보다도 작은 면 소재지 정도의 작은 시골 마을입니다. 그러나 그곳에는 서점들이 가득하고 노벨상 수상자들이 매년 기꺼이 이곳을 찾아 독자들과 이야기를 나눕니다. 마을 주민들이 손수 편지를 써서 수상자들의 마음을 움직였습니다. 한강도 그곳에 갈 것입니다.

그런 책 마을이 영국에는 있는데 이곳 남도에 못 생길 법이 있습니까? 장흥 곳곳에 작은 도서관들이 세워지고 그 곁에 정겨운 숙박 시설들이 조용히 자리를 잡아, 전국에서 책을 읽으러 오는 사람들이 묵고 이야기하고 산책하는 장흥이 되는 일이 왜 불가능하겠습니까.

장흥에 자리 잡을 도서관들은 삐까번쩍하지 않고 기존 동네의 오랜 창고나 폐가, 학교를 리모델링해서 만들면 좋겠습니다. 이 도서관들을 장흥군청이 직접 다 운영해야 한다면 큰일일 겁니다. 그러나 전국에 많은 독립 서점들이 있습니다. 새로이 독립 서점을 하고 싶은 사람들도 있습니다. 그들이 하고 싶은 대로 도서관과 서점을 열도록 하고 전남도와 장흥군은 지원을 잘 하면 됩니다. 그런 도서관과 서점이 10개, 20개가 있으면 사람들은 기꺼이 책을 읽으러 장흥에 오지 않겠습니까.

동네마다 자리 잡은 서점과 도서관들을 잇는 오솔길이 생기면 좋겠습니다. 멀리서 온 사람들은 차를 읍내에 놓고 자전거와 전기차로 도서관으로 향합니다. 길가에는 철마다 들꽃이 하늘하늘 피고, 책을 읽은 사람들은 그 길에서 생각하고 이야기

　　　　　　　　　　　　　압축 소멸 사회

합니다. 지나는 사람들이 서로 인사를 나누고 걷고 웃으며 삶을 쉬어 갈 것입니다.

그 길에는 책의 주인공 이름이 하나씩 붙어도 좋겠습니다. '동호의 길'(《소년이 온다》), '영혜의 길'(《채식주의자》), '경하의 길'(《작별하지 않는다》). 그 길들을 다시 '한승원의 길', '한강의 길'이 잇습니다. 이렇게 장흥의 산과 들을 지나는 동안 우리 아이들은 콧노래를 흥얼거리며 책과 자연과 사람에 대한 사랑을 키워 나갈 것입니다. 제주 올레를 걸은 사람들이, 이제는 배를 타고 장흥으로 와서 마저 책을 읽고 갈지도 모르겠습니다.

그 길에는 사람들이 쉬어 갈 수 있도록, 이미 문을 닫은 동네 슈퍼 공간을 개조해 다시 문을 연 북카페들이 군데군데 자리를 잡으면 좋겠습니다. 북카페의 이름도 정해 봤습니다. 산멍, 물멍, 책멍, 들멍, 바다멍, 하늘멍, 글멍, 구름멍, 별멍, 달멍….

처음에 헤이온 와이는 주로 책을 좋아하는 사람들이 개인이나 가족 단위로 찾았는데, 요즘에는 기업들의 워크숍 장소로도 각광을 받고 있습니다. 중요한 기획 회의를 해야 할 때, 답답한 도시를 벗어나 브레인스토밍이 필요할 때, 긴장을 풀고 동료들과 이야기를 나누고 싶을 때, 런던의 회사들은 이곳을 선택합니다. 최근에는 강가에 트래킹 코스도 생기고, 작은 다리에는 클라이밍을 할 수 있는 장소도 생겼습니다. 사람들은 오전에는 책을 읽고 오후에는 강에서 카약을 즐기기도 합니다. 마을 중심부 삼거리에서는 입구에 미슐랭 마크가 붙은 음식점도 만날

수 있습니다. 낮에는 자유롭게 서점을 돌며 책을 읽고 강변과
들판을 산책하다가 저녁이 되면 맛있는 식사를 하며 이야기를
나눕니다. 책이 사람을 부르고 사람이 동네를 살린 것입니다.

산, 들, 바다가 모두 있는 장흥이 이리 못될 것이 없지 않습
니까? 헤이온 와이의 뜻은 '와이Wye'강에 있는 '헤이Hay' 마을
이라는 뜻입니다. 우리로 따지면 '탐진 곁 장흥'입니다.

"우리는 한강 작가의 노벨상 수상을 기념해 군 전체를 도서
관으로 만들었습니다." 장흥 사람들이 이렇게 말할 수 있다면
이렇게 아름다운 일이 또 있을까요? 한승원과 한강의 고향, 장
흥답지 않을까요?

한강을 기억하는 법

첫 노벨 문학상 수상자가 나온, 그것도 아시아에서 첫 여성
수상자를 낸 나라의 문학적 현실, 도서관과 서점의 상황은 초
라하고 부끄럽습니다. 1년에 한 권 이상 책을 읽는 독서 인구
는 2013년 62.4%에서, 2023년 48.5%로 감소했습니다. 1인당
독서 권수도 17.9권에서 14.8권으로 줄었습니다.

한강의 노벨상 수상 소식이 전해지기 직전인 2024년 9월
27일, 대전과 충청권의 대표적 향토 서점 '계룡문고'가 29년 만
에 문을 닫았습니다. 대전시는 올해에 이어 내년에도 지역 서
점 지원 예산을 전액 삭감했습니다. 고양시의 관내 작은 도서

관 5곳이 2024년 내 폐관될 예정입니다. 2022년 마포구는 관내 작은 도서관 9곳을 모두 폐관하려고 했습니다.

이런 시대에 한강을 기억하는 법은 무엇일까요? 한강의 이름을 딴 건물과 상과 이벤트를 만드는 것은 온당치도 않고 시대에도 부끄러운 일일 것입니다. '지역 경제'에도 별 도움이 되지 않을 것입니다. 작가 한강이 지금도 하고 있는 일은, 서촌에서 '책방 오늘'이라는 독립 서점을 꿋꿋이 운영하는 것입니다.

사회학자 엄기호는 독서에 대해 이렇게 말했습니다. "'글'은 정보를 전달한다. 글을 한 줄 한 줄 읽으며 내 눈을 거쳐 뇌에 들어와 엮이는 것은 '정보'다. 반면 책은 그 정보들이 만나 '세계'로 구축된 것을 말한다. 글자는 닫힌 책 안에 갇혀 있다. 그러나 그 책을 펼칠 때마다 새로운 페이지가 열린다. 책은 펼칠 때마다 다른 페이지와 다른 글들이 조합하여 새로운 것을 끊임없이 펼쳐 낸다. 책을 읽어야 하는 가장 중요한 이유가 있다면, 바로 책을 통해 세상과 타인을 책으로 대하는 태도를 배울 수 있기 때문이다."(《한겨레21》1533호, 〈엄기호의 이야기 사회학〉 '저들의 말이 시시하고 천박한 이유')

한강을 기억하는 법은 책을 한 권 더 사고, 우리가 읽고, 아이들에게 읽히고, 그것에 대해 사색하며 산책하고, 친구와 이야기를 나누고, 내 삶에 대해 말하고, 그 언어들을 가슴속에 간직하고 살아가는 일, 또 살아 내는 일입니다. 슬픔과 기쁨에 눈물 흘리고, 부끄러운 것을 부끄럽다고 말할 수 있고, 끝끝내 포기할 수 없는 것들이 있음을 알고, 언젠가 모두 사라져야 함을 인정하고, 그리고 또 함께 살아가는 일일 것입니다. 한강을 기억하는 법은, 광주와 장흥을 독서의 도시와 도서관의 고장으로 만드는 일입니다. 도서관 마을로 가득한 장흥, 모든 시민이 책을 읽는 광주, 그것이 우리가 할 일입니다. 비단 광주와 장흥에 그칠 일도 아닙니다. 이것이 우리가 한강을,《소년이 온다》를, 《채식주의자》를,《작별하지 않는다》를 제대로 기억하는 법일 것입니다.

나가는 글

트럼프가 미국 대통령에 또다시 당선되었습니다. 표 차이도 제법 났습니다. 지난 3번의 대선에서 트럼프의 득표는 점점 늘어났습니다. 처음 당선될 때는 적어도 유권자 투표에서는 트럼프가 이기지 못했습니다. 2016년 대선에서는 힐러리가 더 많은 표를 얻었지만, 접전 주에서 승리를 거둔 트럼프가 더 많은 선거인단을 확보해 대통령이 되었습니다.

이번에는 아닙니다. 완전한 승리입니다. 더 많은 미국 국민이 트럼프를 선택했고, 트럼프는 상원과 하원도 손에 넣었습니다. 집권 1기의 제한적 트럼프가 아닌 '슈퍼 트럼프'가 탄생했습니다. 지금은 대법원조차 보수가 다수입니다. 미국은 완전히 트럼프의 손에 떨어졌습니다.

돌아온 트럼프는 1기 트럼프와 완전히 다를 것이라는 예측이 많습니다. 당시에는 의도했던 정책들이 번번이 의회의 문턱을 넘지 못해 행정명령에 의존하는 일이 많았습니다. 공화당

내부에서도 트럼프는 주류가 아니었습니다. 지금은 많은 면에서 달라졌습니다. 당시에는 별다른 준비 없이 집권했지만 이번에는 1천 명 가까운 캠프의 인원이 정부의 주요 요직에 빠르게 임명될 것이라고도 합니다.

물론 미국은 정기적인 선거가 치러지는 민주주의 국가이니 이런 트럼프의 일방적인 독주가 언제까지나 통하지는 않겠지요. 많은 전문가들은 2년 뒤 치러지는 2026년 중간 선거에서는 아마도 유권자들이 민주당의 손을 들어 줄 가능성이 높다고 합니다. 그러나 적어도 그때까지 2년 동안은 세계의 여러 나라들이 트럼프 행정부의 여러 정책에 잘 적응하고 대처해야 할 것입니다. 그중에서도 한국처럼 대외 경제에 대한 의존도가 심하고, 미국과 특수한 관계를 맺고 있으며, 동북아시아와 한반도처럼 국제적 갈등이 상존하는 지역의 나라라면 더욱 큰 영향을 받을 수밖에 없을 것입니다. 그런 준비, 지금 한국은 잘하고 있을까요?

미국 대선을 보면서 여러 생각이 들었습니다. 결과에 대한 호불호는 엇갈릴 수 있겠지만, 트럼프의 두 번째 당선이 거대한 패러다임 전환의 상징적 사건이라는 점은 분명해 보입니다. 한 번은 우연이지만 두 번의 우연은 없는 법이기 때문입니다. 그렇다면 어떤 정도의 변화일까요?

정치적으로 지난 100년의 현대 민주주의를 지탱해 온 정당

압축 소멸 사회

민주주의와 그것을 기반으로 한 제도적 대의 민주주의의 한계가 명백히 드러났습니다. 근대 시민 혁명과 독립 전쟁으로 왕이 없는 지배 체제를 처음 만들어 냈던 미국의 다수 시민이 민주주의보다 자국의 이익을 우선하는 체제를 원했습니다. 경제적으로는 지난 40여 년을 이어 온 신자유주의적 세계화가 완전히 종결되었습니다. '네이션 스테이트nation state'라고 불리는 근대 국민 국가가 다시 모습을 드러냈습니다. 비교 우위에 기반을 둔 세계적 분업 체계가 만들어 낸 무역 수지 불균형과 그것이 초래한 국내적 불평등과 이민자 문제가 선거라는 민주적 제도를 통해 표출되고 있습니다. 국제적으로는 제2차 세계 대전 이후 냉전이나 다자주의 질서가 만들어 온 평화의 세기가 끝나고, 힘에 기반을 둔 패권 경쟁의 시대가 다시 도래했습니다. 언제 어디서 전쟁이 일어나도 이상하지 않은 세계에 우리는 접어들었습니다.

이런 변화의 한복판에는 정치적 포퓰리즘이 있습니다. 포퓰리즘은 이제 더 이상 일시적 현상이 아닙니다. 적어도 한 세대 이상, 전 세계의 민주주의는 '포퓰리즘의 시대'에 속하게 될 것입니다. 포퓰리즘은 전 지구적 차원의 변화에서 볼 때 탈냉전 이후의 탈이데올로기 시대의 전개, 다자주의적 국제 질서 속에서 민족주의와 애국주의의 새로운 발흥, 지난 세기를 풍미했던 정당 정치와 대표 체제의 근본적 위기, 디지털 기술과 결합된 정치·언론 환경의 변화가 세계적 수준에서 잉태한 정치적 변화입니다. 이것은 '사건'이 아니라 '체제'의 문제입니다.

그래서 진짜 포퓰리즘의 시대는 이제 겨우 시작일지도 모릅니다. 지난 100여 년의 역사가 보여 주듯이 민주주의는 자주 위기를 맞았고, 그것을 극복하는 데는 상당한 시간이 걸렸습니다. 제2차 세계 대전 전후의 나치즘, 파시즘, 전체주의 등 많은 경우에 민주주의의 왜곡된 형태들이 파국적인 결말에 이르러서야 멈추었습니다. 포퓰리즘은 민주주의에서 태어난 것이지만 민주주의를 위협할 수 있습니다. 그것은 막대한 경제적·사회적 비용뿐 아니라 구성원들의 삶과 생명, 공동체의 존망까지도 위협하고 나서야 본 모습을 드러낼 것입니다. 그것이 어디까지 가서야 되돌아올지 걱정이 됩니다.

어떤 이들은 이제 세계의 종말을 이야기하기도 합니다. 불평등을 해결하지 못하는 근대적 민주주의, 무제한적으로 팽창하는 자본주의, 기후 위기 앞에서 파멸을 향한 돌진을 멈추지 못하는 인류, 이런 현상을 보면 과연 이 세계가 지속가능한 것인지 의문이 들 때가 많습니다. 사실 소멸하고 있는 것은 비단 대한민국 공동체가 아니라 전 세계 인류인지도 모릅니다. 우리가 그 첨단에 서 있는 것이지요.

그렇다면 이제 문제 해결에도 첨단을 걸을 수는 없을까 생각해 봅니다. 이것은 사실 간단한 일이 아닙니다. '문명적 전환'을 요구하는 일이 될 것이니 말입니다. 그렇더라도 일이 잘되면

압축 소멸 사회

먼 훗날 인류는 말할지도 모릅니다. '세계가 아직 안전하다고 생각했을 때 한국이라는 나라가 먼저 성장과 소멸을 압축적으로 겪었다. 그들은 인류의 과거이자 현재, 미래였다. 그들은 누구보다 빨리 미증유의 소멸 위기에 처했다. 전 세계에서 닥칠 미래의 위험들이 거기서 먼저 일어났다. 그리고 그들은 해답을 찾았다. 세계는 그들의 방식으로 조금 더 인류의 생존을 지속시킬 수 있었다.'

〈삼체〉라는 드라마를 재미있게 봤습니다(원작 소설은 아직 읽지 못했습니다. 여기 쓰는 이야기는 넷플릭스 드라마에 대한 것입니다). 거기에는 소멸에 저항하는 친구들의 이야기가 나옵니다. 소멸에 대응하는 것은 간단치 않습니다. 치열하고 고통스러운 일입니다. 사랑하는 사람들의 생명이 스러지기도 하고, 무고한 피해자들이 발생하기도 합니다. 도전하는 시도들의 성공 확률은 높지 않습니다. 어떤 사람들은 포기하기도 합니다. 그러나 어떤 사람들은 묵묵히 앞으로 나아갑니다. 무엇이 그들을 나아가게 만들었을까요?

제가 그 드라마에서 가장 흥미롭게 생각했던 것은, 외계인들이 자신의 추종자들을 불신하게 되는 이유였습니다. 그들은 '동화'와 '거짓말'을 구분하지 못했지요. 그래서 자신의 추종자들과 더 이상 교신하지 않습니다. 추종자들은 절망합니다. '이야기'가 없는 세계, '거짓말'이 없는 세상, 그게 외계인들이 사는 사회였습니다. 그들은 텔레파시로 교신하기 때문에 언어를 통해서 무엇인가를 꾸며 낸다는 게 불가능했던 것 같습니다. 그래서 저는 이 드라마의 주제가 '이야기'라고 생각했습니다.

인간은 이야기 없는 세상에서 살 수 없습니다. 이야기란 서 사이자 동화이고 기록이자 희망입니다. 드라마에서 주인공들은 누구보다 뛰어난 과학자들이지만 그들이 끝까지 신뢰하는 것은 사랑과 우정입니다. 그것은 과학적으로 증명되지 않으며 비논리적이기도 합니다. 이루어질 수 없는 사랑에 대한 연민이 지구의 마지막 희망이 되기도 합니다. 그들이 서로를 의지하고 자신의 목숨까지 맡기며 도전하는 과정은 그래서 그 자체로 하나의 이야기가 됩니다. 인류가 소멸의 위기에 처했을 때 그들은 소박한 동화의 세계로 돌아갑니다. 그들이 서로에게 마지막으로 선물하는 것은 어릴 적 읽었던 동화책입니다.

저는 '소멸'에 대해 연재를 하던 때 이 드라마를 봤습니다. 그리고 희망이 이야기에 있다고 생각했습니다. 인간이 여타 동물과 다른 것, 문명을 만들어 낼 수 있었던 것, 민주주의를 발명할 수 있었던 것도 모두 '이야기'를 만들 줄 아는 능력 때문이라고 생각합니다. 이것은 말 그대로 '창조'의 영역입니다. 인간이 동물이 아니라 신에 가까운 어떤 능력을 단 하나 가지고 있다면, 그것은 바로 없는 것을 지어낼 수 있는 능력일 겁니다.

압축 소멸 사회

이 '지어낸 것'은 외계인이 생각한 것처럼 허구나 가짜가 아니라 실체입니다. 수많은 사람들이 인간의 존엄성과 자유 같은 가치를 위해 죽음을 불사하고, 생면부지의 다른 사람을 위해 목숨을 내어 주기도 합니다. 돌아간 이를 다시 볼 수 없다는 것을 알면서도 사무치도록 그리워합니다. 〈금쪽같은 내 새끼〉에서 저를 가장 슬프게 만들었던 장면은, 4살짜리 아이가 세상을 떠난 아빠의 모습을 종이에 그리고 그 종이를 껴안는 모습이었습니다. 저는 그 장면이 바로 '인간'의 모습이며, 텔레파시로 교신하는 외계인이 결코 이해할 수 없는 이야기의 세계라고 생각했습니다.

저는 희망도 거기에 있다고 생각합니다. 한 사회가 소멸할 것인가 아니면 버텨 낼 것인가, 그래서 자신의 이야기를 지속할 수 있을 것인가의 여부는, 그들이 어떤 세계를 창조해 내려고 하는가의 의지에 달려 있다고 생각합니다. 그 의지는 서로에 대한 믿음과 사랑에서 나옵니다. 우리가 소멸을 목전에 둔 지금, 인류의 문명사에서 새로운 이야기를 써 보겠다고 마음먹는다면, 그렇게 할 만큼 서로를 사랑하고 의지하고 믿는다면 저는 이 소멸을 막을 수 있다고 생각합니다. 그렇지 않다면, 이 공동체에 그럴 만한 가치가 없다고 생각한다면, 우리는 어떤 시도도 해 볼 수 없을 것입니다.

지금 우리의 세계에서는 정치가 거의 사라졌습니다. 그것을 되살리려는 노력은 〈삼체〉에서 지구의 소멸을 막으려는 것보다 결코 쉽지 않을 것입니다. 무엇보다 정치에 대한 신뢰와 희망이 거의 사라졌기 때문입니다. 지금 정치에서 남은 것은 혐오와 미움, 절대적 자기 사랑, 그리고 이 모든 것을 돈벌이에 이용하는 미디어 장사꾼들뿐인 것 같습니다. 많은 정치인들은 이 무대에서 춤추고 노래하거나, 한편에서 어쩔 수 없는 대세라고 받아들이고 맙니다. 여기에는 어떤 새로운 이야기도 없습니다. 3류 막장 드라마가 선정성을 더해 가면서 반복될 뿐입니다. 이것은 정치가 없는 세상이고 이야기가 없는 세상입니다. 여기에는 희망이 없습니다.

그러나 이 세계가 이대로 끝날 것이라고 생각하지는 않습니다. 아빠의 모습을 그리고 껴안은 아이처럼, 길가에 쓰러진 누군가를 도우려는 사람들처럼, 인기척이 없는 옆집의 문을 두드리는 이웃처럼, 이 세상에는 아직 이야기를 간직한 사람들이 많습니다. 이렇게 아직 이야기를 믿는 사람들이 정치에 관심을 갖고 행동하기 시작할 때 저는 소멸의 이야기가 희망의 이야기로 바뀌리라 생각합니다.

저는 한 사람의 학자로서 완전히 새로운 미지의 대안을 찾기보다는 기존의 제도에서 불완전하고 불만족스러운 부분들을 잘 고쳐 나가는 것이 중요하다고 생각합니다. 그러나 변화를 두려워해서도 안 된다고 생각합니다. 우리는 생각할 줄 아는 동물이고, 새로운 것을 만들어 낼 수 있는 인간입니다.

우리는 근대의 '후발 문명국'이었습니다. 늘 선진국을 바라보며 살았습니다. 과학도, 문화도, 산업도, 정치도 어딘가에서 가져왔습니다. 이제 우리는 근대 문명의 맨 앞에 서 있습니다. 기술과 경제에서 1등은 아니지만, 문명의 차원에서 우리는 근대를 완성하고 있습니다. 길거리에 가방을 내려놓아도 우리는 큰 걱정을 하지 않습니다. 전염병이 세계를 덮쳐도 우리는 제법 잘 견뎌 냈습니다. 게다가 요즘 K-컬처를 보면, 우리의 다음 세대는 분명히 많은 잠재력을 갖고 있는 것처럼 보입니다. 〈기생충〉과 〈오징어 게임〉이 보여 주듯이 우리는 이 세계의 부조리도 가장 잘 이해하고 있습니다.

그래서 할 수 있다고 생각합니다. 우리는 제2차 세계 대전 이후 민주화에 성공한 몇 안 되는 나라이고, 합법적으로 질서 있게 대통령을 탄핵시킨 경험도 있습니다. 포퓰리즘이라는 근대 민주주의의 위기를 넘어서 새로운 민주주의의 이야기를 써 나간대도 이상할 것이 없습니다. 밤이 가장 깊을수록 새벽도 가깝다고 합니다. 어둠의 끝에서, 소멸의 가장자리에서 새로운 이야기가 탄생하기를 기대합니다. 아마도 제 세대의 일은 여명을 기다리면서, 마지막 어둠을 묵묵히 지켜 내고, 희망의 불씨를 꺼뜨리지 않는 것이 아닐까 생각합니다.

1년 반 전에 《한겨레21》에 첫 번째 글을 실었을 때는 그것이

연재가 되고 또 책으로 이어지리라고는 전혀 생각하지 못했습니다. 많은 분들의 응원과 격려가 계속 글을 쓸 수 있게 만들었습니다. 이 책에 실린 것은 연재에 기반을 둔 것이지만 상당한 부분이 수정되고 보완된 것입니다. 그럼에도 여전히 많은 오류가 있을 줄 압니다. 그것은 모두 제 책임입니다.

책을 쓰는 내내 생각했던 것은, 이 땅에서 자란 어린아이들이 살아갈 미래였습니다. 낙관적으로 생각한 것은 아니었고, 오히려 어떻게 비겁한 변명이라도 할 수 있을까 생각했습니다. 설령 모든 것이 잘못되더라도 '우리가 아무것도 안 해 본 것은 아니란다. 무엇이든 해 보려고 했는데 잘되지는 않았다. 미안하다. 그러나 우리의 실패를 딛고 너희들은 어떻게든 희망을 버리지 말고 해내기 바란다' 정도로 말할 수 있기를 바랐습니다. 부모들이란 늘 그런 정도의 사람이라고 생각합니다. 그리고 그런 정도나마 우리가 잘 해낼 수 있기를, 오늘도 생각해 봅니다.